WIRTSCHAFTLICHE LAGERHALTUNG

VON

Dr.-Ing. BRUNO MARGONINSKY

MIT 5 ABBILDUNGEN

MÜNCHEN UND BERLIN 1933

VERLAG VON R. OLDENBOURG

Druck von R. Oldenbourg, München und Berlin.

Vorwort.

In den letzten Jahren sind eine Reihe von organisatorischen Maßnahmen bekannt geworden, die mit Erfolg angewandt wurden, um die Wirtschaftlichkeit von Unternehmungen aller Art zu heben. Zu ihnen gehört ein schon mehrfach beschriebenes Verfahren der wirtschaftlichen Lagerhaltung, dessen Grundgedanken auch in der vorliegenden Schrift verarbeitet worden sind. Die Anzahl der Betriebe, die dieses Verfahren anwenden, ist aber noch sehr gering. Die Gründe hierfür mögen sein, daß seine allgemeine Anwendbarkeit noch zu wenig bekannt ist, und daß seine Handhabung für schwieriger gehalten wird, als sie in Wirklichkeit ist.

Da es nun durchaus zum Besten vieler Unternehmungen wäre, wenn sie sich die Vorteile des Verfahrens der wirtschaftlichen Lagerhaltung zunutze machen würden, hat sich der Verfasser bemüht, die allgemein gültigen Grundzüge des Verfahrens klar darzustellen, seine Handhabung nach Möglichkeit zu verbessern und zu erleichtern und an praktischen Beispielen weitgehend zu erläutern, so daß es möglich sein müßte, das Verfahren in jedem Betriebe ohne Schwierigkeiten einzuführen.

Margoninsky.

Inhaltsverzeichnis.

A. Einführung in das Wesen der Los- und Bestellzifferrechnung.

Eine der schwierigsten Aufgaben, die von jeher in Handels- und Fabrikationsbetrieben aller Art auftritt, besteht darin, bei kleinen Lagerbeständen kurze Lieferfristen innezuhalten. Die Frage, welche Mengen auf Lager bestellt oder hergestellt werden sollen, ist daher für den Unternehmer immer wieder von größter Wichtigkeit. Die Entscheidung darüber ist von einer Reihe von Faktoren abhängig, von denen genannt sein mögen: die Finanzlage des Unternehmens, die Marktlage, die Lieferfähigkeit der Unterlieferanten und die Transportverhältnisse, die Konstruktionsreife des Fabrikates, die Lagerverhältnisse und die Beschäftigung der Werkstatt[1]).

Seit einigen Jahren ist nun durch eine Reihe von Veröffentlichungen darauf hingewiesen worden, daß zu diesen Faktoren noch zwei andere zu rechnen sind, die früher in diesem Zusammenhange keine besondere Beachtung gefunden hatten: die Einrichte- und die Bestellkosten.

Unter Einrichtekosten werden diejenigen Kosten verstanden, welche bei der Vorbereitung auf die Herstellung einer bestimmten Menge von Fabrikaten oder Bestandteilen von Fabrikaten entstehen[2]). Diese Menge wird auch »Los« genannt.

Unter Bestellkosten mögen im Rahmen dieser Arbeit diejenigen Kosten verstanden werden, welche bei der Abwicklung einer Bestellung auf bestimmte Mengen von Material oder Gegenständen beliebiger Art auflaufen.

Bestell- und Einrichtekosten sind also einmalig auftretende Kosten zur Beschaffung bestimmter Mengen, denen gemeinsam ist, daß sie vor dem Verbrauch auf Lager gelegt werden. Diese einmaligen Kosten und die laufenden Zinskosten für das Kapital, das in den lagernden Mengen festgelegt ist, können in einen mathematischen Zusammenhang gebracht werden. Man denkt sich die einmaligen Kosten auf die beschaffte Menge umgelegt, so daß sich der ursprüngliche »Wert« der Mengeneinheit entsprechend erhöht. Ferner faßt man die Zinskosten als Kostenbestandteil der Mengeneinheit auf, so daß sich also die Mengeneinheit auch durch die Zinskosten verteuert. Durch Addition der Zinskosten und der umgelegten einmaligen Kosten zum ursprünglichen Wert der Mengeneinheit

[1]) Siehe Lit.-Nachweis S. 48, V.

[2]) Siehe VIII, S. 50 und X, S. 51.

bekommt man die »Gesamtkosten« der Mengeneinheit. Wird nun der ursprüngliche Wert der Mengeneinheit als konstant angenommen (er ist es in vielen Fällen nicht, worauf weiter unten eingegangen wird), so sind demnach die Gesamtkosten der Mengeneinheit nur von den Zinskosten und den einmaligen Kosten abhängig. Je größer nun die einmal für den Verbrauch in einem bestimmten Zeitraum beschaffte Menge ist, um so höher sind die Zinskosten je Mengeneinheit (s. Abb. 2, S. 12), um so niedriger ist der Anteil der Mengeneinheit an den einmaligen Kosten. Es läßt sich nun zeigen, daß es bei jedem Teil, Gegenstand oder Material eine bestimmte Menge gibt, bei welcher die Summe aus den einmaligen Kosten und den Zinskosten ein Minimum wird, also auch die Gesamtkosten den kleinstmöglichen Betrag ausmachen.

Diese Menge wird in der Literatur, wenn es sich um die Einrichtekosten handelt, »wirtschaftliche« oder »optimale Losziffer« oder auch »wirtschaftlichste Fertigungseinheit« genannt, und wenn es sich um die Bestellkosten handelt, »günstigste« oder »wirtschaftlichste Bestellmenge«. Einheitliche Bezeichnungen haben sich noch nicht durchgesetzt. Im Rahmen dieser Arbeit mögen diese Größen »wirtschaftliche Losziffer« (abgekürzt Lz) und »wirtschaftliche Bestellziffer« (abgekürzt Bz) genannt werden.

Für die Errechnung dieser Ziffern sind in der Literatur eine Reihe von Formeln angegeben worden, die sich im wesentlichen nur durch die Voraussetzungen und die Art, wie die Kostenbestandteile ermittelt werden, unterscheiden. Mit Hilfe dieser Formeln ist man also in der Lage, zwei der Faktoren, die für die Bestimmung der Losgrößen und der Bestellmengen von Wichtigkeit sind, mathematisch zu erfassen. Die Rechnung ist aber nur dann durchführbar, wenn man über den zukünftigen Verbrauch eine Annahme macht, für die man nur in den Unterlagen über den früheren Verbrauch einen Anhaltspunkt hat. Die Ergebnisse der Rechnung sind also auch nur in dem Maße zutreffend, die Ziffern sind nur insoweit wirtschaftlich, als die Annahme über den zukünftigen Verbrauch richtig war.

Ebensooft wie die Annahme über den zukünftigen Verbrauch fehlerhaft sein wird, wird auch der Fall eintreten, daß man aus betrieblichen Gründen die errechneten Mengen nicht bestellen oder herstellen kann. So kann es, um nur ein Beispiel zu nennen, vom Betriebe aus gesehen, wirtschaftlicher sein, kleinere als die errechneten Mengen aufzugeben, wenn mehrfach bezahlte Einrichte- und Bestellkosten erträglicher als erhöhte Lagerzinsen sind. Die errechneten Ziffern sind also nur unter bestimmten Voraussetzungen wirtschaftlich, daher können sie auch keine bindende Vorschrift sein.

Der Sinn des Berechnungsverfahrens kann nur sein, einen Maßstab für die wirtschaftliche Bestellung und Herstellung zu finden, mit dem man die Unsicherheit der gefühlsmäßigen Entscheidungen über die Losgrößen und die Bestellmengen einschränken kann. Die Ergebnisse der Rechnung brauchen demnach als ebensowenig verbindlich betrachtet zu werden, wie es z. B. die Ergebnisse einer Vorkalkulation sind. Genau so wie man sich mit dem Verkaufspreis einer Ware nicht immer ausschließlich nach der Vorkalkulation richten kann, sondern die Verhältnisse innerhalb und außerhalb des Betriebes berücksichtigen wird, ist die Entscheidung über die Anwendung der errechneten Los- und Bestellziffern von den jeweiligen Umständen abhängig zu machen.

Wenn man aber die Ziffern sinngemäß anwendet, so erzielt man nicht nur Ersparnisse an Einrichte- und Bestellkosten und Lagerzinsen, sondern auch mannigfaltige andere Vorteile, auf welche an geeigneter Stelle hingewiesen werden wird. Hierbei soll besonders hervorgehoben werden, daß die Anwendung des Verfahrens der Loszifferberechnung überall dort möglich ist, wo überhaupt Einrichtekosten für wechselnde Fabrikate, die vor der Befriedigung eines laufenden Bedarfes auf Lager gelegt werden, bezahlt werden oder ermittelt werden können, während die Bestellzifferrechnung überall angebracht ist, wo Dinge bestellt werden, die laufend gebraucht und vor ihrer Verwendung gelagert werden. Das Verfahren ist also nicht nur in Handels- und Fabrikationsbetrieben, sondern auch bei Behörden, Banken usw. anwendbar. In weiterverarbeitenden Betrieben ergeben sich besondere Vorteile daraus, daß man Los- und Bestellzifferrechnung nebeneinander durchführen kann.

Im Rahmen der vorliegenden Arbeit sollen nun neue Formeln für die wirtschaftliche Los- und Bestellziffer abgeleitet werden. In diesen wird in gleicher Weise wie in den bekannten Formeln der ursprüngliche Wert der Mengeneinheit als konstant angenommen, wie bereits oben erwähnt wurde. In Wirklichkeit ist der Materialpreis vielfach vom Mengenrabatt abhängig, beim Übergang zu größeren Losen kommt auch manchmal mit einem Wechsel des Herstellungsverfahrens ein anderes Material und auch ein anderer Stücklohn in Frage. Diese Einflüsse auf die Gesamtkosten der Mengeneinheit werden aus der Formelrechnung ausgeschaltet, da sie zweckmäßig für sich behandelt werden. Wie die Frage des Mengenrabattes zu klären ist, wird auf Seite 20 besprochen werden. Beim Stücklohn ergab die Praxis, daß zwar durch die Loszifferrechnung die Frage anderer Herstellungsverfahren, z. B. der Übergang von der Herstellung eines Teiles auf der Drehbank zur Herstellung auf der Revolverbank, angeregt wird, daß es aber vorteilhaft ist, die Frage der wirtschaftlichen Herstellungsweise für sich zu klären und dann erst für das gewählte Herstellungsverfahren die wirtschaftliche Losziffer zu ermitteln.

Die neuen Formeln werden aus einer allgemein gehaltenen Formel abgeleitet, als deren Sonderfälle die Formeln für Lz und Bz aufgefaßt werden. Der Unterschied dieser Formeln gegenüber den bekannten besteht darin, daß an Stelle des Begriffes einer durchschnittlichen jährlichen oder auch monatlichen Verbrauchsmenge die tägliche Verbrauchsmenge benutzt wird. Durch diesen Ausdruck ergibt sich eine größere Übersichtlichkeit, was besonders bei der getrennten Behandlung von planmäßigem und nicht planmäßigem Verbrauch in Erscheinung treten wird.

Die Annahmen und Voraussetzungen, auf denen die Formeln beruhen, sind größtenteils in den bekannten Veröffentlichungen eingehend untersucht worden. Die Stellungnahme des Verfassers zu diesen Veröffentlichungen ist im Anhang wiedergegeben, um die Übersichtlichkeit der Darstellung nicht zu stören.

Besondere Aufmerksamkeit widmete der Verfasser der bisher noch nicht behandelten Frage, wie weit man sich von den errechneten Los- und Bestellziffern entfernen darf, wenn eine prozentual zu den minimalen Gesamtkosten festgelegte Kostenüberschreitung zugelassen ist. Ferner wurde eine Formel aufgestellt, mit der berechnet werden kann, um wieviel die minimalen Kosten überschritten werden, wenn man statt der errechneten eine beliebige andere Menge aufgeben muß. Auch die wirtschaftlich besonders bedeutungsvolle Frage der Zinsverluste und durchschnittlichen Lagerbestände, die sich bei Anwendung des Verfahrens ergeben, wurde eingehend behandelt.

Der Verfasser hat im Rahmen der Arbeiten der Renta Organisations-Gesellschaft m. b. H. Berlin, als deren Assistent er u. a. auch bei der Firma Franz Braun A.-G., Werkzeugmaschinenfabrik und Eisengießerei, tätig war, seine Formeln entwickelt und angewendet und ist der Renta für die Überlassung des Materiales zu Dank verpflichtet. Die Zahlenbeispiele, an denen bis ins einzelne die Durchführung des Verfahrens gezeigt wird, stammen aus dem Betriebe der Firma Franz Braun A.-G.

Anmerkung: Abkürzungen und Formeln sind im Anhang noch einmal auf herausklappbaren Blättern abgedruckt, um ein Zurückblättern unnötig zu machen.

B I. Ableitung einer allgemeinen Ausgangsformel für das beiden Ziffern gemeinsame Problem.

Wie aus der Einführung hervorgeht, ist das Problem, das in gleicher Weise bei der Berechnung der Lz wie der Bz auftritt, die Umlegung einmaliger Kosten auf eine möglichst große Menge von Teilen, Gegenständen oder Material bei einer Beschränkung dieser Menge mit Rücksicht auf die Zinskosten. (Unter »Gegenständen« sollen Verbrauchsgegenstände wie Werkzeug verstanden werden, während die Bezeichnung »Teil« für Bestandteile von Fabrikaten wie auch für einteilige Fabrikate gewählt worden ist). Dieses Grundproblem soll in diesem Abschnitt durch die Ableitung einer allgemein gehaltenen Formel gelöst werden.

Die hierfür erforderlichen Rechnungsgrößen sind:

die einmaligen Kosten, die mit K in RM. bezeichnet werden mögen,
der Wert einer Mengeneinheit mit der Bezeichnung W in RM.,
der jährliche Zinssatz für das investierte Kapital p in vH,
die gesuchte Menge x_0.

In W sind keine von der Menge x_0 abhängigen Größen enthalten, wie in der Einführung erwähnt wurde.

Für die Berechnung der Zinskosten muß eine Annahme über den Vorgang der Lagerung und Entnahme gemacht werden. Diese Annahme muß sich einerseits den wirklichen Verhältnissen möglichst anpassen, um ein ausreichend genaues Ergebnis der Rechnung zu gestatten, anderseits muß darauf geachtet werden, daß die Formel nicht unhandlich wird. Diese letzte Forderung führt aber dazu, daß man den in Wirklichkeit sehr verwickelten und verschiedenartig verlaufenden Vorgang sehr vereinfachen muß. Die verschiedenen Möglichkeiten des Vorgehens hat G. Liwschütz untersucht[1]). In Übereinstimmung mit L. hat der Verfasser es für ausreichend und zweckmäßig erachtet, für die Berechnung der Zinskosten einen Vorgang zugrunde zu legen, wie er in Abb. 1, s. u., dargestellt ist. Statt der »Monats- und Jahresbedarfsmenge« wird aber mit Hilfe der Ausdrücke z und T die »tägliche Verbrauchsmenge« eingeführt.

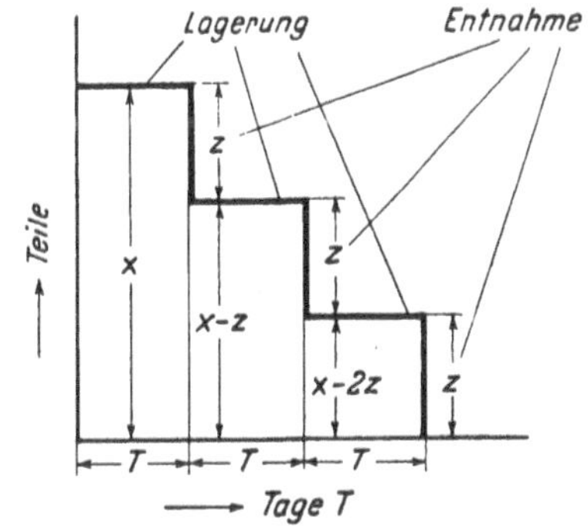

Abb. 1. Schema der Lagerung und Entnahme.

Bei diesem Schema ist vorausgesetzt, daß der Verbrauch eines Teiles in längeren oder kürzeren Zeitabständen einigermaßen regelmäßig ist. Diese Voraussetzung kann man, wie die Durchsicht einer großen Anzahl von Lagerkarten ergab, machen.

Es wird angenommen, daß die Menge x auf einmal ins Lager geliefert wird und dort T Tage lagert, bis die erste Entnahme von z Mengeneinheiten erfolgt. Darauf lagert der Rest von $(x - z)$ Mengeneinheiten wiederum T Tage, worauf die zweite Entnahme von z Mengeneinheiten erfolgt. Dieser Vorgang wiederholt sich $u$mal, bis die Menge x aufgebraucht ist[2]). Mit dieser Annahme lassen sich die Zinskosten Z wie folgt berechnen.

Die Zinskosten für x lagernde Mengeneinheiten betragen in T Tagen

$$x \cdot W \cdot \frac{T \cdot p}{365 \cdot 100} = C_0 \cdot x \text{ RM.}$$

$$C_0 = \frac{W \cdot T \cdot p}{365 \cdot 100}.$$

Damit ergeben sich die Teilbeträge von Z für die abnehmenden Mengen folgendermaßen:

u	Zinskosten	
	Teilbeträge	ausmultipliziert
1	$C_0 \cdot x$	$C_0 \cdot x$
2	$C_0 \cdot (x - z)$	$C_0 \cdot x - C_0 \cdot z$
3	$C_0 \cdot (x - 2\,z)$ usw.	$C_0 \cdot x - C_0 \cdot 2\,z$ usw.
u	$C_0 \cdot [x - (u - 1) \cdot z]$	$C_0 \cdot x - C_0 \cdot (u - 1) \cdot z$

[1]) Siehe VI, S. 49 und III, S. 48.
[2]) Siehe dagegen III, 2, S. 48.

$$Z = \text{Summe der Teilbeträge}$$
$$= u \cdot C_0 \cdot x - C_0 \cdot z\,[1 + 2 + \cdots + (u - 1)].$$

Nun ist $1 + 2 + \cdots (u - 1) = \frac{u}{2}(u + 1) - u$, also

$$Z = u \cdot C_0 \cdot x - C_0 \cdot z \cdot \left(\frac{u^2}{2} + \frac{u}{2} - u\right)$$
$$= u \cdot C_0 \cdot x - C_0 \cdot z \cdot \frac{u^2}{2} + C_0 \cdot z \cdot \frac{u}{2}.$$

Da nun $x = z \cdot u$ und $u = \frac{x}{z}$ ist, wird

$$Z = C_0 \cdot \frac{x^2}{z} - C_0 \cdot \frac{x^2}{2z} + C_0 \cdot \frac{x}{2}$$
$$= C_0 \cdot \frac{x}{2z} \cdot (x + z), \text{ schließlich}$$
$$Z = W\,T\,\frac{p}{365 \cdot 100} \cdot \frac{x}{2z} \cdot (x + z) \quad \ldots \ldots \quad (1)$$

Der gesamte Aufwand an Zinsen und einmaligen Kosten beträgt $Z + K$ oder, auf die Mengeneinheit gerechnet,

$$y = f(x) = \frac{Z}{x} + \frac{K}{x}$$

(siehe Abb. 2).

Die Gleichung

$$y = f(x) = \frac{Z}{x} + \frac{K}{x}$$

ist von der Form

$$y = C_2 \cdot x + \frac{C_1}{x} + C_3.$$

Wird die Ableitung dieser Funktion gleich 0 gesetzt, so ergibt sich, für welchen Wert von x die Funktion ein Minimum hat. Nun ist

$$\frac{dy}{dx} = f'(x) = C_2 - \frac{C_1}{x^2}$$
$$f''(x) > 0.$$

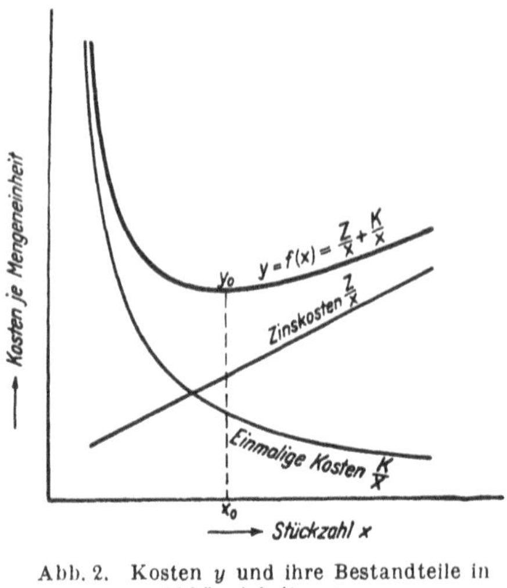

Abb. 2. Kosten y und ihre Bestandteile in Abhängigkeit von x.

Daher wird

$$C_2 - \frac{C_1}{x^2} = 0 \text{ und}$$
$$x^2 = \frac{C_1}{C_2},$$

$$x_0 = +\sqrt{\frac{C_1}{C_2}}$$

(nur das positive Vorzeichen der Wurzel ist brauchbar).

Da $C_1 = K$ ist und

$$C_2 = W \cdot T \cdot \frac{p}{365 \cdot 100} \cdot \frac{1}{2z}, \text{ so ist}$$

$$x_0 = \sqrt{\frac{K}{W \cdot T \cdot \frac{p}{365 \cdot 100} \cdot \frac{1}{2z}}} \qquad \dots\dots (2)$$

Der genaue Zahlenwert von p ist bekannt und kann für längere Zeiträume als konstant angenommen werden. Auch die Zahlenwerte von z und T liegen innerhalb enger Grenzen fest. Ihre Bestimmung wird in der Regel keine Schwierigkeiten machen. Die hierfür erforderlichen Unterlagen dürften in allen Betrieben vorhanden sein. Etwas anders liegt es bei der Ermittlung der Werte von K und W. Um diese Werte zu finden, müssen eine Reihe von Zahlen zusammengestellt werden, die in manchen Betrieben nicht ohne weiteres greifbar sein werden. In diesen Betrieben sind dann besondere Feststellungen erforderlich. Die hiermit verbundene Arbeit ist aber immer nur einmal für einen verhältnismäßig langen Zeitraum zu leisten. Ihre Durchführung erfordert keine besonderen Vorkenntnisse.

In diesem Zusammenhange wird die Frage auftreten, wie genau man an Hand der Unterlagen des Betriebes die Zahlenwerte von K und W bestimmen soll. Hierzu ist zu sagen, daß man von Fall zu Fall zu prüfen haben wird, welchen Einfluß eine größere Genauigkeit dieser Werte auf die Werte von x_0 hat, und in welchem Verhältnis hierzu die erforderliche Mehrarbeit steht. Hierbei ist es vorteilhaft zu beachten, daß unter der Wurzel in Formel 2 nur das Verhältnis von K und W vorkommt, und daß durch die Wurzel selbst der Einfluß einer Ungenauigkeit in dem Ausdruck unter der Wurzel auf x_0 vermindert wird.

B II. Die Formel für die wirtschaftliche Losziffer und ihre Ableitung aus der allgemeinen Formel.

1. Deutung der Formelzeichen in der allgemeinen Formel für den Sonderfall der wirtschaftlichen Losziffer.

a) K. Die einmaligen Kosten K werden bei der Loszifferrechnung durch die Einrichtekosten dargestellt. Wie weit der Begriff der Einrichtekosten gefaßt werden muß, richtet sich nach den Betriebsverhältnissen[1]). Hier sollen darunter die Löhne verstanden werden, die für die Einrichtung von Maschinen auf die n verschiedenen Arbeitsgänge, die an jedem Teil

[1]) Siehe VIII, S. 50.

vorzunehmen sein sollen, gezahlt werden. Zu diesen Löhnen sind die Unkostensätze der betreffenden Werkstätten zu schlagen, in denen die Arbeit ausgeführt wird.

Die Unkostensätze ergeben sich aus der Betriebsrechnung in bekannter Weise. Ihre Verrechnung ist erforderlich, da die Kosten für das Einrichten in Wirklichkeit höher sind als der bezahlte Lohnbetrag. Während des Einrichtens laufen ja auch Kosten für den Platz des Arbeiters, die Hilfe des Meisters, Werkzeug usw. auf, die nicht für jedes bearbeitete Teil erfaßt werden, sondern durch den Unkostensatz abgerechnet werden müssen. Dasselbe gilt auch für den Stücklohn unter B II 2b, S. 16.

b) W. Der Ausdruck W stellt in der Formel für Lz die Summe aus dem Materialwert, den Lohnkosten und den Unkosten dar, die für das betreffende Teil in der Fabrikation auflaufen.

Der Materialwert sei mit M in RM. bezeichnet. M ist der Betrag, mit dem das Material beim Wareneingang verbucht wird. Ob in diesem Betrag die Kosten für die Anlieferung enthalten sind oder nicht, ist von der Aufmachung der Buchhaltung und der Betriebsrechnung abhängig. Dasselbe gilt vom Materialzuschlag, der in neuartig aufgezogenen Betriebsrechnungen aus dem Verhältnis der Kosten für die Verwaltung der Läger zum Lagerumsatz gewonnen wird. Es kann nur von Fall zu Fall entschieden werden, ob es nötig und zweckmäßig ist, diesen Materialzuschlag in M zu berücksichtigen[1]. Vielfach wird der Materialzuschlag nur wenige vom Hundert ausmachen, so daß man ihn vernachlässigen kann.

Die Lohnkosten enthalten nicht die Einrichtekosten je Teil, da dieser Wert von x_0 abhängig ist (s. o. S. 10). Die ersten Lohnbeträge, die auf das Teil abgerechnet werden können, sind die Rangier- und Entladelöhne für das ankommende Material. Dann laufen Löhne für die Lagerung und Pflege des Materiales auf, ferner Löhne für den Transport des Materiales in die Werkstatt. Je nach der Art des Materiales, des Betriebes und der Lohnverrechnung wird die Abrechnung dieser Lohnbeträge verschieden sein. Ein gebräuchlicher Weg ist, die Löhne für Rangieren, Entladen, Lagerung und Pflege des Materiales durch den Materialzuschlag abzurechnen, während die Löhne für den Transport in die Werkstatt, von der Werkstatt in die Revision usw. meistens wohl im Werkstattunkostensatz enthalten sein werden. Es kommt aber auch vor, daß sie unmittelbar auf das Teil abgerechnet werden, es muß also in jedem Falle geprüft werden, wie die Lohnkosten in die Formel einzusetzen sind. Für die Ableitung der Formel für Lz wurde angenommen, daß Werkstattunkostensätze benutzt werden, wobei es gleichgültig für die Formelrechnung ist, ob für alle Werkstätten ein gemeinsamer Unkostensatz oder getrennte Unkostensätze vorhanden sind. Selbstverständlich sind die Formeln auch in den Fällen brauchbar, wo keine Unkostensätze verrechnet werden. Außer den oben angeführten Lohnbeträgen entfallen schließlich noch auf jedes Teil die Bearbeitungslöhne, die z. B. aus einer Akkordstammkartei entnommen werden können.

[1]) Siehe II, 1 S. 47 und III, 1 S. 48.

c) T. Der Ausdruck T gibt an, wie viele Tage zwischen der Entnahme von je z Teilen aus dem Zwischenlager liegen, s. Abb. 1 S. 11.

Bei einem planmäßigen Verbrauch, wie er z. B. bei einer bestimmten monatlichen Fabrikation von Maschinen vorliegt, kann T als Verbrauchstakt gedeutet werden, der mit dem bekannten Begriff des Montagetaktes gleichbedeutend ist. T ist demnach auch die Anzahl von Tagen, die zwischen dem Beginn aufeinander folgender Montagevorgänge liegen.

Ein nicht planmäßiger Verbrauch von Teilen liegt dann vor, wenn eine Fabrik jeweils nur einzelne oder eine geringe Anzahl von Fabrikaten auflegt, weil die Bestellungen so unregelmäßig erfolgen, daß die Einrichtung einer planmäßigen Fabrikation nicht möglich ist. Vielfach wird auch die Einzelfertigung durch das Fabrikationsprogramm bedingt. Die Teile, die diesen unregelmäßig aufgelegten Fabrikaten gemeinsam sind, z. B. Normteile der Fabrik und Dinormteile, werden also »nicht planmäßig« verbraucht.

Läuft neben einer derartigen nicht planmäßigen Fabrikation eine planmäßige her, für welche diese Teile ebenfalls gebraucht werden, so wird auch der Verbrauch dieser Teile als nicht planmäßig aufzufassen sein, da diese Teile für alle Fabrikate gemeinsam hergestellt und gelagert werden, also für die planmäßige Fabrikation nicht getrennt disponiert werden. Bei jeder Art nicht planmäßigen Verbrauches stellt T die Anzahl von Tagen dar, die durchschnittlich zwischen der Entnahme von je z Teilen aus dem Zwischenlager liegen. Bei der Zahlenrechnung geht man aber auf den oben angegebenen Ausdruck, wenn es sich um nicht planmäßigen Verbrauch handelt, nicht zurück; siehe B II 2.

d) p. Mit p in vH wird der jährliche Zinssatz für das in der Fabrikation festgelegte Kapital bezeichnet. Die Höhe von p ist verschieden, je nachdem es sich um eigenes oder fremdes Kapital handelt.

e) z. Durch z wird angegeben, wie viele Teile gleichzeitig dem Zwischenlager entnommen werden, siehe Abb. 1, S. 11.

Bei planmäßigem Verbrauch erfolgt die Entnahme mit der vorgeschriebenen Stückzahl, bei nicht planmäßigem Verbrauch mit einer durchschnittlichen Stückzahl. Bei der Zahlenrechnung tritt aber die durchschnittliche Stückzahl je Entnahme als Einzelwert nicht in Erscheinung, siehe B II 2.

f) Die Zinskosten müssen, genau genommen, für das Material (Rohmaterial wie Rundeisen, Rohteile wie Guß und vorgearbeitete Teile) von der Abforderung durch die Werkstatt zur Bearbeitung bis zum Ende der Montage der Teile, also dem Augenblick, wo die Teile aufhören, einzeln zu bestehen und in den Verband des Fabrikates oder einer Gruppe des Fabrikates übergehen, berechnet werden. (Die Zinskosten für die Zeit von der Anlieferung des Materiales bis zur Abforderung zum Zwecke der Bearbeitung werden in der Berechnung der Bz erfaßt).

Für die Lohnkosten müßte die Berechnung der Zinsen beim Zeitpunkt des ersten Lohnentfalles einsetzen und mit dem Ende der Teilmontage aufhören[1]).

Die Entscheidung, auf welchen Zeitraum man die Berechnung der Zinskosten für Material und Lohn ausdehnen will, ob man vor allem die Zeit für die Fertigstellung eines Loses in der Bearbeitungswerkstatt berücksichtigen will, ist von den Betriebsverhältnissen abhängig. Wenn die Zeit für die Bearbeitung eines Loses im Verhältnis zur Lagerzeit und auch absolut lang ist, muß die entsprechende Formel benutzt werden, siehe S. 20.

Anmerkung: Besteht das Fabrikat aus einem Teil, so gelten die oben stehenden Ausführungen mit der Änderung, daß die fertigen Teile nicht zur Montage, sondern zum Versand entnommen werden. Die Formeln werden davon nicht berührt.

B II 2. Berechnung der einzelnen Faktoren.

a) Berechnung von K.

Werden mit E_1, E_2 usw. die Einrichtelöhne für die n Arbeitsgänge und mit $\frac{U_1}{100}$, $\frac{U_2}{100}$ usw. die Werkstattunkostensätze bezeichnet, so ist

$$K = \sum_1^n E + \sum_1^n E \cdot \frac{U}{100}$$

$$= \sum_1^n E \cdot \left(1 + \frac{U}{100}\right)$$

Wird $1 + \frac{U}{100} = f$ gesetzt, so wird

$$K = \sum_1^n E \cdot f$$

Wo ein Einrichtelohn bei einem Arbeitsgang nicht vorgesehen ist, wenn z. B. das Einrichten von Automaten von einem Einrichter besorgt und nicht als besonderer Betrag bei jedem Teil bezahlt wird, muß dieser Betrag für die Loszifferberechnung angenommen werden.

b) Berechnung von W ohne Berücksichtigung der Herstellungszeit.

Ist M der Materialwert je Teil und sind S_1, S_2 usw. die Lohnbeträge für die n Arbeitsgänge, so ist

$$W = M + \sum_1^n S + \sum_1^n S \cdot \frac{U}{100}$$

$$= M + \sum_1^n S \cdot \left(1 + \frac{U}{100}\right)$$

$$W = M + \sum_1^n S \cdot f$$

---

[1]) Siehe II, 2 S. 48.

c) Berechnung von T.

Für den planmäßigen Verbrauch, wie er z. B. bei den Teilen einer Maschine vorliegt, die nach einem bestimmten Monatsprogramm aufgelegt wird, ergibt sich T, indem man die Zahl 30, d. h. die Zahl der Tage des Monats, durch die Anzahl der monatlich herzustellenden Maschinen dividiert.

Ermittlung von T bei nicht planmäßigem Verbrauch. In Formel 5, S. 18, für die Berechnung der Lz bei nicht planmäßigem Verbrauch erscheint der Quotient $\frac{z}{T}$, der nach der Definition von z und T

$$\frac{\text{durchschnittliche Anzahl der Teile je Entnahme}}{\text{durchschnittliche Anzahl der Tage je Entnahme}}$$

bedeutet. Der Durchschnitt der Teile und Tage ergibt sich aber aus der Gesamtzahl der Teile und Tage in einem bestimmten Zeitabschnitt dividiert durch die Anzahl der Entnahmen in diesem Zeitabschnitt, also ist der Quotient auch gleich der

$$\frac{\text{Gesamtzahl der Teile}}{\text{Gesamtzahl der Tage}}$$

in einem bestimmten Zeitabschnitt oder gleich der durchschnittlichen Verbrauchsmenge je Tag. Für die Zahlenrechnung ergibt sich demnach folgende einfache Handhabung: man greift in der Lagerkarte des betreffenden Teiles oder einer ähnlichen Unterlage, aus der die Lagerbewegung ersichtlich ist, einen Zeitabschnitt heraus, in dem ein Verbrauch stattgefunden hat, wie er nach der Neuanfertigung des Teiles voraussichtlich auch eintreten wird. Das braucht durchaus nicht immer die unmittelbare Vergangenheit zu sein! T ist dann die Anzahl der Tage, die dieser Zeitabschnitt umfaßt.

d) Berechnung von z.

Für planmäßigen Verbrauch ergibt sich z aus der Stückliste oder anderen Unterlagen, welche angeben, wie oft das gleiche Teil bei dem Fabrikat, das planmäßig hergestellt wird, vorkommt.

Für nicht planmäßigen Verbrauch findet man z aus der Lagerkarte des Teiles. z ist, wie aus den Ausführungen unter c) hervorgeht, die Anzahl der in dem betreffenden Zeitabschnitt verbrauchten Teile.

B II 3. Die Formel für die wirtschaftliche Losziffer ohne Berücksichtigung der Herstellungszeit.

Durch Einsetzen der oben ermittelten Werte von K und W in Formel 2 (S. 13) ergibt sich die Formel für Lz in allgemeiner Form, wenn die ohne

Berücksichtigung der Herstellungszeit errechnete Losziffer x_1 genannt wird, wie folgt:

$$x_1 = \sqrt{\frac{\sum_1^n E \cdot f}{\left(M + \sum_1^n S \cdot f\right) \cdot T \cdot \frac{p}{365 \cdot 100} \cdot \frac{1}{2z}}} \quad \ldots\ldots (3)$$

Für die beiden Sonderfälle des planmäßigen und nicht planmäßigen Verbrauches schreibt man die Formel zweckmäßig folgendermaßen:

a) für Teile, die planmäßig gebraucht werden

$$x_1 = \sqrt{\frac{z \cdot \sum_1^n E \cdot f}{F \cdot \left(M + \sum_1^n S \cdot f\right)}} \quad \ldots\ldots\ldots\ldots (4)$$

wo $$F = \frac{T \cdot p}{365 \cdot 100} \cdot \frac{1}{2}$$

für gegebene Werte von T und p konstant ist;

b) für Teile, die nicht planmäßig gebraucht werden

$$x_1 = \sqrt{\frac{\sum_1^n E \cdot f}{\left(M + \sum_1^n S \cdot f\right) \cdot F_1} \cdot \frac{z}{T}} \quad \ldots\ldots\ldots\ldots (5)$$

wo $F_1 = \frac{p}{365 \cdot 100} \cdot \frac{1}{2}$ konstant ist.

Die Formeln 4 und 5 deuten auf den Zusammenhang, der zwischen Normung und Losziffferfertigung besteht. Je größer z, d. h. die Anzahl gleicher Teile am Fabrikat ist, um so größer ist x_1 und damit der durch Losziffferfertigung erzielbare Vorteil.

Von Formel 4 kann man leicht zu einer graphischen Darstellung übergehen, die das Auffinden der Lz wesentlich erleichtert. Hierauf wird unter C I 1, S. 29, eingegangen werden. Die entsprechenden Ausführungen betr. Formel 5 siehe unter C II 2, S. 38.

B II 4. Die Formel für die wirtschaftliche Losziffer unter Berücksichtigung der Herstellungszeit.

Berechnung von W unter Berücksichtigung des Zinsaufwandes während der Herstellungszeit.

Die Herstellungszeit kann man etwa so berechnen, daß man die Anzahl der Arbeitsgänge, die an einem Teil zu verrichten sind, mit der durchschnittlichen Anzahl von Tagen je Arbeitsgang multipliziert[1]). Wie viele Tage für die Fertigstellung eines Arbeitsganges unter Berücksichtigung

[1]) Siehe II 2, S. 48.

aller Transporte, Revision und Wartezeiten durchschnittlich gerechnet werden müssen, wird meist aus den Unterlagen des Terminbüros entnommen oder geschätzt werden können.

Bei der Berechnung der Zinskosten, welche während der Herstellungszeit H auflaufen, muß man zwischen der Verzinsung des Materialwertes M und der Verzinsung der Lohn- und Unkosten unterscheiden[1]). M hat während der Herstellungszeit seinen vollen, unveränderlichen Wert, während die Lohn- und Unkosten von Null zu ihrem vollen Betrage $\sum_1^n S \cdot f$ anwachsen.

Nennt man die Zinskosten für das Material Z_2, die Zinskosten für Lohn- und Unkosten Z_3, so ist die Summe der Zinskosten

$$Z_1 = Z_2 + Z_3.$$

Nennt man ferner die Anzahl der Tage, die durchschnittlich zwischen dem Anfang je zweier aufeinander folgender Arbeitsgänge liegen, T_1, so ist

$$H = n \cdot T_1.$$

Die Zinskosten für M betragen

$$Z_2 = M\, n\, T_1 \cdot \frac{p}{365 \cdot 100}.$$

Zu einer genauen Berechnung der Zinsen für Lohn- und Unkosten müßte man von der Zeitdauer der einzelnen Arbeitsgänge und -pausen und der Höhe der für die einzelnen Arbeitsgänge gezahlten Lohnbeträge und der darauf verrechneten Unkosten ausgehen. Man könnte daraus die Kurve der Lohn- und Unkosten in Abhängigkeit von der Zeit ermitteln. Hieraus könnte man dann die Kurve der Zinskosten finden. Die Zinskostenkurve würde unter der Annahme gleichmäßig zunehmender Lohn- und Unkosten in Form einer quadratischen Funktion, dagegen bei gleichbleibendem Kostenbetrag — während der Arbeitspausen — geradlinig zunehmend verlaufen. Eine derartig genaue Ermittlung der Zinskosten wird aber in den meisten Fällen zu weit führen. Es wird meistens hinreichend genau sein, wenn man annimmt, daß die Zinskosten während der Herstellungszeit von Null auf ihren Endwert geradlinig anwachsen, so daß man so rechnen kann, als ob die halbe Summe aus Lohn- und Unkosten, die für ein Teil während der Herstellungszeit insgesamt anlaufen bzw. verrechnet werden, während der Herstellungszeit verzinst wird.

Unter dieser vereinfachenden Annahme betragen die Zinsen für Lohn- und Unkosten je Teil

$$Z_3 = n\, T_1 \cdot \frac{p}{365 \cdot 100} \cdot \frac{1}{2} \cdot \sum_1^n S \cdot f,$$

somit

$$Z_1 = n\, T_1 \cdot \frac{p}{365 \cdot 100} \cdot \left(M + \frac{1}{2} \sum_1^n S\, f\right).$$

Damit wird W gleich dem auf S. 16 unten angegebenen Wert vermehrt um die Zinsen je Teil, d. h.

$$W' = W + Z_1.$$

1) Siehe IV, S. 48.

Aus Formel 2 entsteht, indem man W durch W' und K durch $\sum_1^n Ef$ ersetzt

$$x_1' = \sqrt{\frac{\sum_1^n Ef}{\frac{T}{2z} \frac{p}{365 \cdot 100} \left[M + \sum_1^n Sf + n\,T_1 \frac{p}{365 \cdot 100}\left(M + \frac{1}{2}\sum_1^n Sf\right)\right]}} \qquad (6)$$

B III. Die Formel für die wirtschaftliche Bestellziffer und ihre Ableitung aus der allgemeinen Formel.

1. Deutung der Formelzeichen in der allgemeinen Formel für den Sonderfall der wirtschaftlichen Bestellziffer.

Die Loszifferberechnung erstreckte sich nur auf Teile, die bearbeitet wurden. Im Gegensatz hierzu wird die Berechnung der Bz für alle Teile, Gegenstände oder Material durchzuführen sein, welche vor dem Verbrauch auf Lager gelegt werden, wobei es belanglos ist, ob sie nach der Lagerung bearbeitet werden oder nicht, im Betriebe verbraucht werden oder zum Verkauf gelangen. Die Berechnung von Lohn- und Unkosten und deren Verzinsung ist somit nicht erforderlich; die Rechnungsgrößen für die Bestellzifferrechnung sind lediglich die Bestellkosten, der Preis des Materiales und die Zinskosten hierfür. Die Rechnung gestaltet sich also wesentlich einfacher als die Loszifferrechnung.

Die allgemeine Formel 2, S. 13, lautete:

$$x_0 = \sqrt{\frac{K}{W \cdot T \cdot \frac{p}{365 \cdot 100} \cdot \frac{1}{2z}}}.$$

Hierin stellt jetzt K die Bestellkosten dar, welche mit B bezeichnet werden mögen. Der Ausdruck W bedeutet hier den Preis des Teiles, Gegenstandes oder der Einheit des Materiales und möge P genannt werden.

Zu P. Für P gilt dasselbe, was für M auf S. 14 ausgeführt wurde. Hier ist aber zu beachten, daß P bei manchen Materialien vom Mengenrabatt abhängig ist, der sich nach der bestellten Menge richtet. P ist dann also von der gesuchten Bz abhängig. Diese Abhängigkeit wird aber je nach der Staffelung der Rabattsätze sehr verschieden sein. Wollte man sie in der Formel für Bz berücksichtigen, so würde das eine unerträgliche Erschwerung bedeuten, da man jedesmal erst den funktionalen Zusammenhang zwischen P und den Rabattsätzen ermitteln und die endgültige Formel für Bz jedesmal neu errechnen müßte. Dies würde auch aus dem Grunde praktisch undurchführbar sein, weil die Staffelung der Rabattsätze nicht immer stetig ist. Die Ermittlung des günstigsten Rabattsatzes wird also zweckmäßig vor der Berechnung der Bz erfolgen, indem man die Höhe der Bestellziffer abschätzt. Bei einiger Übung macht das keine Schwierigkeiten, so daß nur selten eine wiederholte Rechnung erforderlich sein wird.

Zu *T*, *p*, *z*. Die Bedeutung der Formelzeichen *T*, *p* und *z* ist bei der Bestellzifferrechnung die gleiche wie bei der Loszifferrechnung, da für die Berechnung der Zinskosten wiederum der Vorgang der Lagerung und Entnahme zugrunde gelegt wird, wie er in Abb. 1 (S. 11) dargestellt ist. Während aber bei der Formel für Lz durch *z* die Anzahl von »Teilen« angegeben wurde, welche gleichzeitig dem Lager entnommen werden, bezeichnet hier *z* je nach dem lagernden Gut die Anzahl kg, m, Stück usw., die dem Verbrauch zugeführt werden.

B III 2. Berechnung der einzelnen Faktoren.

a) Berechnung der Bestellkosten *B*.

Die Berechnungsweise der Bestellkosten ist von den Unterlagen abhängig, die hierfür zur Verfügung stehen. Ein Weg, auf dem man schnell zum Ziele kommt und in den meisten Fällen wohl eine hinreichende Genauigkeit erzielen kann, möge im folgenden geschildert werden.

Man legt der Berechnung einen Zeitraum zugrunde, in welchem der Geschäftsgang etwa so gewesen ist, wie man ihn auch für die Zukunft erwartet. Man stellt dann erstens fest, wie viele Einkaufsrechnungen in diesem Zeitraum verbucht worden sind, zweitens, wie hoch sich die Kosten der Einkaufsabteilung in dieser Zeit beliefen. (Diesen Betrag wird man vielfach sofort aus der Betriebsrechnung entnehmen können). Das Verhältnis dieser beiden Zahlen stellt die durchschnittlichen Kosten einer Bestellung, die durchschnittlichen Bestellkosten dar.

Hierbei ist aber eine Einschränkung zu machen. Der so ermittelte Wert stellt die durchschnittlichen Kosten einer Bestellung auf Teile oder Material, für welche die Bestellzifferrechnung anwendbar ist, nur dann mit hinreichender Genauigkeit dar, wenn die Mehrzahl der erfaßten Bestellungen sich auf derartige Gegenstände bezog. Sind aber in dem betreffenden Zeitraum eine größere Anzahl von Bestellungen erfolgt, die besonders große Arbeit in der Einkaufsabteilung verursachten, so muß man dies schätzungsweise berücksichtigen.

b) Berechnung von *P*, *T* und *z*.

Die Berechnung erfolgt in derselben Weise, wie sie bei der Loszifferberechnung geschildert worden ist.

Betr. *P* siehe Seite 14 das für *M* Gesagte,
» *T* » » 17
» *z* » » 17.

B III 3. Die Formel für die wirtschaftliche Bestellziffer.

Werden die oben angegebenen Abkürzungen in Formel 2 eingesetzt, wird ferner die gesuchte Menge x_b genannt, so lautet die allgemeine Formel für Bz folgendermaßen:

$$x_b = \sqrt{\frac{B}{P \cdot T \cdot \frac{p}{365 \cdot 100} \cdot \frac{1}{2z}}} \quad \ldots\ldots\ldots\ldots (7)$$

Für die beiden Sonderfälle des planmäßigen und nicht planmäßigen Verbrauches zieht man die konstanten Glieder zweckmäßig wieder wie folgt zusammen:

a) für planmäßigen Verbrauch

$$F = \frac{T \cdot p}{365 \cdot 100} \cdot \frac{1}{2}$$

(wie bei der Loszifferrechnung), also

$$x_b = \sqrt{\frac{B \cdot z}{P \cdot F}} \quad \ldots\ldots\ldots\ldots (8)$$

b) für nicht planmäßigen Verbrauch

$$F_1 = \frac{p}{365 \cdot 100} \cdot \frac{1}{2}$$

(wie bei der Loszifferrechnung), also

$$x_b = \sqrt{\frac{B}{P \cdot F_1} \cdot \frac{z}{T}} \quad \ldots\ldots\ldots\ldots (9)$$

B IV. Ermittlung der praktisch ausführbaren Los- und Bestellziffern bei einer bestimmten zulässigen Überschreitung der minimalen Kosten.

Die rechnerisch ermittelten Los- und Bestellziffern wird man meist abrunden wollen, da das Arbeiten mit krummen Zahlen unbequem ist. Bei der Losziffer tritt auch noch der Gesichtspunkt auf, daß man gern eine möglichst große Anzahl von Teilen mit gleicher Losziffer ausführen wird, um die Arbeit im Werkbüro und in der Nachkalkulation zu erleichtern. Es ist nun die Frage zu klären, wie weit man sich von den rechnerisch ermittelten Werten entfernen darf, ohne die minimalen Kosten unzulässig zu überschreiten. Zur Lösung dieser Aufgabe soll im folgenden eine Formel abgeleitet werden.

Die Bedingung für diese Formel lautet, daß die Gesamtkosten (y_2) einer Mengeneinheit bei Bestellung oder Anfertigung der gesuchten Menge (x_2) höchstens gleich den Gesamtkosten (y_0) der Mengeneinheit bei Bestellung oder Anfertigung der errechneten Menge (x_0) zuzüglich q_0 vH zulässiger Kostenüberschreitung $\left(\frac{q_0}{100} \cdot y_0\right)$ sein dürfen. Es gilt also

$$y_2 \leq \left(\frac{q_0}{100} + 1\right) \cdot y_0.$$

Die Gesamtkosten (y) setzen sich allgemein aus dem Wert W der Mengeneinheit, den anteiligen einmaligen Kosten $\frac{K}{x}$ und den Zinskosten für die Summe dieser Beträge während der Lagerzeit zusammen. Für die Verzinsung wird der Vorgang laut Abb. 1 (S. 11) zugrunde gelegt. Es gilt daher Formel 1 (S. 12)

$$Z = W\,T\,\frac{p}{365 \cdot 100} \cdot \frac{x}{2\,z} \cdot (x + z)$$

oder für die Mengeneinheit

$$\frac{Z}{x} = W\,T\,\frac{p}{365 \cdot 100} \cdot \frac{x + z}{2\,z}.$$

Setzt man wieder

$$T \cdot \frac{p}{365 \cdot 100} \cdot \frac{1}{2} = F,$$

so wird

$$\frac{Z}{x} = W\,F \cdot \frac{x + z}{z}.$$

Nun muß statt W der Ausdruck $\left(W + \frac{K}{x}\right)$ eingeführt werden; damit wird

$$\frac{Z}{x} = \left(W + \frac{K}{x}\right) \cdot F \cdot \frac{x + z}{z}.$$

Die Gesamtkosten der Mengeneinheit sind also allgemein

$$y = \left(W + \frac{K}{x}\right)\left(1 + F \cdot \frac{x + z}{z}\right)$$

$$= W + W\,F\,\frac{x}{z} + W\,F + \frac{K}{x} + K \cdot \frac{F}{z} + \frac{K}{x} \cdot F$$

oder in erster Annäherung

$$y = W + W\,F\,\frac{x}{z} + \frac{K}{x}.$$

$W\,F$, $K \cdot \frac{F}{z}$ und $\frac{K}{x} \cdot F$ können vernachlässigt werden, da F im Verhältnis zu x klein ist.

Nun sollte im Grenzfalle

$$y_2 = \left(\frac{q_0}{100} + 1\right) \cdot y_0$$

sein, d. h.

$$W + WF\frac{x_2}{z} + \frac{K}{x_2} = \left(\frac{q_0}{100} + 1\right)\left(W + WF\frac{x_0}{z} + \frac{K}{x_0}\right)$$

$$= \frac{q_0}{100} \cdot W + \frac{q_0}{100} \cdot WF\frac{x_0}{z} + \frac{q_0}{100} \cdot \frac{K}{x_0}$$

$$+ W + WF \cdot \frac{x_0}{z} + \frac{K}{x_0} \quad \text{oder}$$

$$WF\frac{x_2^2}{z} + K = \frac{q_0}{100} \cdot W\,x_2 + \frac{q_0}{100} WF\frac{x_0}{z}\,x_2$$

$$+ \frac{q_0}{100} \cdot \frac{K}{x_0} \cdot x_2 + WF\frac{x_0}{z}\,x_2 + \frac{K}{x_0} \cdot x_2 \quad \text{oder}$$

$$x_2^2 + \frac{Kz}{WF} = \frac{q_0}{100} \cdot \frac{z}{F} \cdot x_2 + \frac{q_0}{100} \cdot x_0\,x_2 + \frac{q_0}{100} \cdot \frac{x_2}{x_0} \cdot \frac{Kz}{WF}$$

$$+ x_0\,x_2 + \frac{x_2}{x_0} \cdot \frac{Kz}{WF}.$$

Nun ist entsprechend Formel 2 (S. 13)

$$\frac{Kz}{WF} = x_0^2,$$

also wird

$$x_2^2 + x_0^2 = \frac{q_0}{100}\,\frac{z}{F}\,x_2 + \frac{2\,q_0}{100}\,x_0\,x_2 + 2\,x_0\,x_2 \quad . \; . \; . \; . \; . \quad (*)$$

und

$$x_2 = \frac{q_0}{200} \cdot \frac{z}{F} + \left(\frac{q_0}{100} + 1\right) x_0 \pm \sqrt{\left[\frac{q_0}{200} \cdot \frac{z}{F} + \left(\frac{q_0}{100} + 1\right) x_0\right]^2 - x_0^2}$$

$$x_3 = \frac{q_0}{200} \cdot \frac{z}{F} + \left(\frac{q_0}{100} + 1\right) x_0 + \sqrt{\left[\frac{q_0}{200} \cdot \frac{z}{F} + \left(\frac{q_0}{100} + 1\right) x_0\right]^2 - x_0^2} \quad (10)$$

$$x_4 = \frac{q_0}{200} \cdot \frac{z}{F} + \left(\frac{q_0}{100} + 1\right) x_0 - \sqrt{\left[\frac{q_0}{200} \cdot \frac{z}{F} + \left(\frac{q_0}{100} + 1\right) x_0\right]^2 - x_0^2} \quad (11)$$

Bei der Loszifferrechnung ist der Wert x_0 durch x_1, bei der Bestellzifferrechnung durch x_b zu ersetzen.

Die graphische Darstellung der Formeln 10 und 11 für planmäßigen Verbrauch wird unter C I 2 (S. 31 ff.) behandelt. Für nicht planmäßigen Verbrauch wird man zweckmäßig die Formel benutzen, die im folgenden Abschnitt abgeleitet wird.

B V. Ableitung einer Formel zur Berechnung der Überschreitung der minimalen Kosten bei beliebig gewählter Los- und Bestellziffer.

Es war schon in der Einführung erwähnt worden, daß es oft vorkommt, daß man die errechneten Mengen nicht auflegen kann, weil irgendwelche Momente innerhalb oder außerhalb des Betriebes dem entgegenstehen.

Für diese Fälle kann es von Bedeutung sein zu wissen, wie weit man sich von den minimalen Kosten entfernt, wie groß also der Kostenunterschied gegenüber der Herstellung oder Bestellung von x_0 Mengeneinheiten ist. Für die Errechnung dieser Kostenüberschreitung soll im folgenden eine Formel abgeleitet werden.

Man geht von Formel (*) (s. o.) aus. Die tatsächlich ausgeführte Los- bzw. Bestellziffer möge x_5 genannt werden. Ersetzt man nun in Formel (*) x_2 durch x_5 und löst sie nach $\frac{q_0}{100}$ auf, so ergibt sich

$$\frac{q_0}{100}\left(\frac{z}{F}\cdot x_5 + 2\,x_0\,x_5\right) = x_0{}^2 + x_5{}^2 - 2\,x_0\cdot x_5$$

$$\frac{q_0}{100} = \frac{(x_5 - x_0)^2}{x_5\left(\frac{z}{F} + 2x_0\right)} \quad \ldots\ldots\ldots\ldots \quad (12)$$

Für die Loszifferrechnung wird Index 0 durch 1, für die Bestellzifferrechnung durch »*b*« ersetzt.

Formel 12 kann in gleicher Weise bei planmäßigem und nicht planmäßigem Verbrauch verwendet werden. Ihre Handhabung mag an zwei Zahlenbeispielen erläutert werden.

1. Zahlenbeispiel.

Teil 31 der Serienmaschine (s. Zahlentafel 1, S. 33) werde nicht mit der errechneten Losziffer $x_1 = 38$, sondern mit einer beliebigen Losziffer $x_5 = 200$ aufgelegt. Es sollen die Mehrkosten ermittelt werden. Schreibt man Formel 12 hier

$$\frac{q_1}{100} = \frac{(x_5 - x_1)^2}{x_5\left(\frac{z}{F} + 2\,x_1\right)},$$

dann berechnet sich $\frac{q_1}{100}$ wie folgt:

$$\frac{q_1}{100} = \frac{(200 - 38)^2}{200\left(\frac{1}{0{,}000534} + 2\cdot 38\right)}$$

$$= 0{,}07 = 7 \text{ vH}.$$

Das Teil wird also 7 vH teurer, als wenn es mit $x_1 = 38$ aufgelegt würde. Die Ausrechnung der Gesamtkosten y_1 und y_5 anhand der Formel $y = \left(W + \frac{K}{x}\right)\left(1 + F\cdot\frac{x+z}{z}\right)$ von S. 23 ergibt, daß das Teil bei Ausführung mit x_1 RM. 2,08 und bei Ausführung mit x_5 RM. 2,22 kosten würde.

2. Zahlenbeispiel.

Das gleiche Teil werde statt mit $x_1 = 38$ mit $x_5 = 7$ aufgelegt. Dann ergibt sich in entsprechender Weise $\frac{q_1}{100} = 7$ vH. Es wird also die gleiche Kostenüberschreitung verursacht, wenn man x_1 um 162 Stück überschreitet und um 31 Stück unterschreitet. Auf diese Erscheinung wird noch unter C I 2 (S. 31) eingegangen werden.

Anmerkung: der Vollständigkeit halber möge noch erwähnt werden, daß $\frac{q_0}{100}$ zwar für Werte $x_5 > x_0$ beliebig groß festgesetzt werden kann, aber nicht für Werte $x_5 < x_0$. Die Begründung hierfür liegt darin, daß durch Steigerung der Stückzahl über x_0 hinaus eine unbegrenzte Kostensteigerung je Mengeneinheit möglich ist, während bei Unterschreitung von x_0 die höchsten Kosten bei Beschaffung einer Mengeneinheit entstehen. Das bedeutet, daß das Verhältnis der Gesamtkosten bei Beschaffung einer Mengeneinheit zu den Gesamtkosten einer Mengeneinheit bei Beschaffung von x_0 Mengeneinheiten größer als, im Grenzfalle gleich $\frac{q_0}{100} + 1$ sein muß.

Sind die Gesamtkosten einer Mengeneinheit bei Beschaffung von nur einer Mengeneinheit y_3 und bei Beschaffung von x_0 Mengeneinheiten y_0, so gilt die Beziehung:

$$\frac{q_0}{100} + 1 \leqq \frac{y_3}{y_0}$$

$$\frac{y_3}{y_0} = \frac{W + K + \text{Verzinsung hiervon}}{W + \frac{K}{x_0} + \text{Verzinsung hiervon}}$$

Wird die Verzinsung im Zähler und Nenner und $\frac{K}{x_0}$ vernachlässigt, so ergibt sich in Annäherung

$$\frac{q_0}{100} \leqq \frac{W + K}{W} - 1,$$

d. h.

$$\frac{q}{100} \leqq \frac{K}{W}.$$

Für die Losszifferrechnung wird

$$K = \sum_1^n E \cdot f \text{ und}$$

$$W = M + \sum_1^n S \cdot f, \text{ also}$$

$$\frac{q_1}{100} \leqq \frac{\sum_1^n E \cdot f}{M + \sum_1^n S \cdot f}$$

Für die Bestellzifferrechnung wird

$$K = B$$
$$W = P, \text{ also}$$
$$\frac{q_b}{100} = \frac{B}{P}$$

1. Zahlenbeispiel: für Teil Nr. 1 der Serienmaschine (s. Zahlentafel 1, S. 33) ergibt sich

$$\frac{q_1}{100} \leq \frac{0{,}95}{66{,}59} \leq 0{,}01$$

2. Zahlenbeispiel: für Teil Nr. 15 ergibt sich

$$\frac{q_1}{100} \leq \frac{1{,}93}{4{,}05} \leq 0{,}48$$

B VI. Zinsverlust bei Loszifferfertigung.

Die Loszifferrechnung wird in vielen Fällen zu einer Vergrößerung des Zwischenlagers, damit zu einer Vermehrung des festgelegten Kapitals und des Zinsendienstes führen. Es ist von entscheidender Wichtigkeit, daß man sich über das Ausmaß dieser Entwicklung vor Einführung der Loszifferfertigung und auch laufend einen Überblick verschafft. Dies ist leicht möglich, da ein einfacher Zusammenhang zwischen der Summe aus Einrichte- und Unkosten und den Zinskosten besteht, wie im folgenden gezeigt werden soll.

Um diese Frage zu klären, möge zuerst allgemein der Wert x_6 ermittelt werden, für welchen die einmaligen Kosten gleich den Zinskosten sind. Nach Formel 1 (S. 12) ist

$$Z = W \cdot T \cdot \frac{p}{365 \cdot 100} \cdot \frac{x}{2z} \cdot (x \mid z)$$

Setzt man wieder

$$T \cdot \frac{p}{365 \cdot 100} \cdot \frac{1}{2} = F$$

so ist

$$Z = W \cdot F \cdot \frac{x^2}{z} + W \cdot F \cdot x$$

Setzt man

$$Z = K,$$

also

$$K = W \cdot F \cdot \frac{x^2}{z} + W \cdot F \cdot x,$$

so wird

$$x_6 = -\frac{1}{2} \cdot z \pm \sqrt{\frac{1}{4} \cdot z^2 + \frac{K \cdot z}{W \cdot F}}$$

Nun ist

$$\frac{K \cdot z}{W \cdot F} = x_0^2$$

(s. Formel 2, S. 13), also ist

$$x_6 = -\frac{1}{2} \cdot z \pm \sqrt{\frac{1}{4} \cdot z^2 + x_0^2}.$$

Für kleine Werte von z stimmen demnach x_6 und x_0 praktisch überein. Da z nun meist im Verhältnis zu x_0 klein ist, kann man mit hinreichender Genauigkeit annehmen, daß der Punkt der Kostenkurve (s. Abb. 2, S. 12), wo die einmaligen Kosten gleich den Zinskosten sind, sehr nahe dem Minimum der Kurve $y = f(x)$ liegt.

Für die Loszifferberechnung bedeutet dies, daß die Zinskosten für ein Los, die während der Lagerung und Entnahme laut Abb. 1 (S. 11) insgesamt auflaufen, annähernd gleich der Summe aus Einrichte- und Unkosten für dieses Los sind, wenn man die errechnete Losziffer x_1 auflegt. Da für die Teile der Loszifferfertigung die durchschnittliche Lagerzeit und die in einem bestimmten Zeitabschnitt auflaufende Summe aus Einrichte- und Unkosten bekannt ist, kann man sich für diese Teile leicht den erforderlichen Überblick über den gesamten Zinsendienst und den durchschnittlichen Lagerbestand verschaffen.

B VII. Zinsverlust bei Bestellung der errechneten Bestellmengen.

Von gleicher Wichtigkeit wie bei der Loszifferrechnung ist die Kontrolle der gesamten Zinskosten und der Lagerbestände bei der Bestellzifferrechnung. Auch diese Kontrolle kann leicht ausgeübt werden, da entsprechend der Ableitung unter B VI nachgewiesen werden kann, daß die Bestellkosten ungefähr gleich den Zinskosten sind, die für die mit der errechneten Bestellziffer bestellten Mengen auflaufen. Die Summe der in einem bestimmten Zeitabschnitt anfallenden Bestellkosten ist bekannt. Da jeder Mark Bestellkosten eine Mark Zinsen für die lagernden Mengen entspricht, kann man leicht überschlagen, wie groß der monatlich oder jährlich aufzuwendende Zinsbetrag und der durchschnittliche Lagerbestand an bestellten Waren sein wird. Nimmt man die durchschnittliche Lagerzeit der bestellten Mengen und die Summe der etwa monatlich auflaufenden Bestellkosten als gleichbleibend an, setzt man also konstante Verhältnisse voraus, so ist unmittelbar die Summe der monatlich aufzuwendenden Zinskosten gleich den monatlich gezahlten Bestellkosten.

C. Praktische Durchführung der Loszifferfertigung.

Bei der Firma Franz Braun Akt.-Ges., wo die Renta Organisations-Gesellschaft m. b. H., als deren Assistent der Verfasser dort tätig war, die Loszifferfertigung einführte, umfaßte das Lieferprogramm Sonder-

und Serienfabrikation; es kam also planmäßiger und nicht planmäßiger Verbrauch von Teilen nebeneinander vor. In den folgenden Abschnitten soll nun gezeigt werden, wie der Verfasser bei der Einrichtung der Loszifferfertigung vorging bzw. wie in ähnlichen Fällen zu verfahren ist.

C I. Praktische Durchführung der Loszifferfertigung bei einer serienmäßig hergestellten Werkzeugmaschine.

1. Die errechneten Losziffern einer Gruppe der Maschine.

Für die serienmäßig aufgelegte Werkzeugmaschine bestand ein Monatsprogramm von 10 Stück. Die Teile dieser Serienmaschine wurden vor der Loszifferfertigung »kommissionsweise« mit einer Stückzahl aufgelegt, die sich aus der Grundzahl oder »Auflage« 20 multipliziert mit der Anzahl der Teile je Maschine laut Stückliste ergab. Diese Stückzahl war also $20 \cdot z$. Die zur Maschine gehörigen Normteile der Fabrik sowie Dinormteile wurden als »Serienteile« für sich aufgegeben. Die Losgrößen hierfür wurden gefühlsmäßig bestimmt.

Kurve zur Ablesung der Losziffern.

Da der Montagetakt $T = 3$ Tage und der jährliche Zinssatz p als konstant angenommen werden konnten — p wurde mit einem Sicherheitszuschlag zu 13 vH angenommen —, war die zahlenmäßige Ausrechnung der Lz nicht nötig, vielmehr läßt sich eine Kurve aufzeichnen, aus der die Lz abgelesen werden können.

Nennt man in Formel 4 (S. 18) (unter Vernachlässigung der Herstellungszeit)

$$z \cdot \sum_1^n E \cdot f = z_1$$

und

$$M + \sum_1^n S \cdot f = n_1,$$

so nimmt Formel 4 die Form an:

$$x_1 = \sqrt{\frac{z_1}{n_1 \cdot F}}$$

$$= \sqrt{\frac{1}{F}} \cdot \sqrt{\frac{z_1}{n_1}};$$

$$F = \frac{T \cdot p}{365 \cdot 100} \cdot \frac{1}{2}$$

wird

$$= 0{,}000534,$$

also

$$x_1 = 43 \cdot \sqrt{\frac{z_1}{n_1}} \quad \ldots \ldots \ldots \ldots \quad (13)$$

Diese Funktion ist in Abb. 3 dargestellt, siehe unten. Die Beträge $\frac{z_1}{n_1}$ sind für jedes Teil bekannt. Das Rechenschema für die Errechnung von z_1 und n_1 wird auf Seite 37 angegeben. Es empfiehlt sich, für die Ausrechnung je Teil eine Karte anzulegen. Dann stellt man z_1 und n_1 zweckmäßig in Tabellenform zusammen, wie es in Zahlentafel Nr. 1, S. 33 und 34

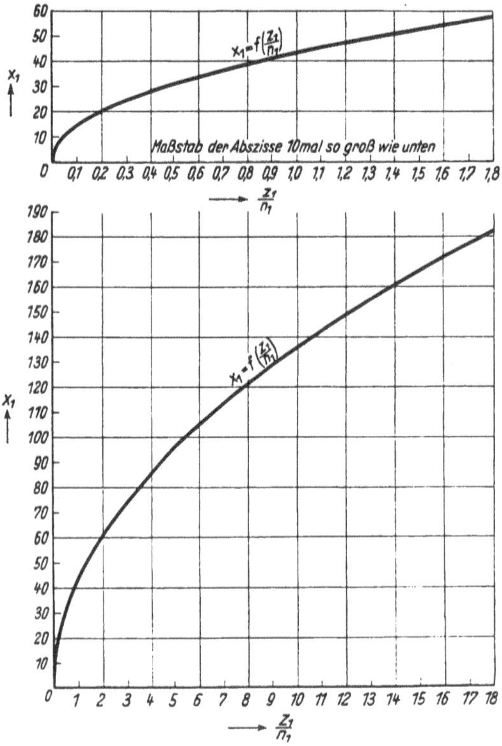

Abb. 3. Losziffer x_1 in Abhängigkeit von $\frac{z_1}{n_1}$; $T = 3$ Tage.

für eine Gruppe der Maschine durchgeführt worden ist. Diese Aufstellung ist eine einmalige Arbeit für alle Programme, die im Laufe der Zeit für die Maschine festgelegt werden können. Wenn man die Werte $\frac{z_1}{n_1}$ errechnet hat, braucht man nur noch in Abb. 3 die zugehörigen Werte von x_1 abzulesen. Diese Werte von x_1 sind ebenfalls in Zahlentafel 1 eingetragen, dagegen wurde davon abgesehen, die vor der Einführung der Loszifferfertigung aufgelegten Stückzahlen in die Tabelle einzutragen, da sie sich einfach aus $20 \cdot z$ ergeben. (Die Ermittlung von x_5 und den Ersparnissen, die in Zahlentafel 1 vermerkt sind, wird in den folgenden Abschnitten behandelt).

Zahlentafel der Losziffern.

Aus Zahlentafel 1 ist ersichtlich, daß die Gruppe Teile mit Losziffern x_1 von 5 bis 410 umfaßte. Für die Teile Nr. 1 bis 3 sind die Losziffern nur der Vollständigkeit halber angegeben worden. Da diese Teile ihrer langen Bearbeitungszeit wegen nicht auf Lager gelegt werden konnten, war die Ermittlung der Losziffern nicht notwendig.

Abgesehen von den Teilen Nr. 4 bis 9 ist die errechnete Losziffer durchweg höher als die früher aufgelegten Losziffern. Bei Teil Nr. 83 beträgt sie das 7fache der früheren Losziffer, im Durchschnitt das 2,3fache. Entsprechende Werte ergaben sich bei den anderen Gruppen der Maschine.

C I 2. Die praktisch ausgeführten Losziffern dieser Gruppe.

Aus den Gründen, die unter B IV (S. 22) angeführt wurden, kamen die Lose nicht mit den errechneten krummen Zahlen in die Werkstatt, vielmehr wurde eine möglichst große Anzahl von Teilen mit gleicher, abgerundeter Losziffer aufgegeben.

Die zulässige Kostenüberschreitung gegenüber den minimalen Herstellungskosten wurde mit

$$\frac{q_1}{100} \leq 0{,}01$$

festgelegt.

Ferner war $F = 0{,}000534$, siehe S. 29. Werden diese Werte in die Formeln 10 und 11, S. 24, eingesetzt, so ergibt sich

a) für $z = 1$

$$x_3 = 9 + 1{,}01 \cdot x_1 + \sqrt{(9 + 1{,}01 \cdot x_1)^2 - x_1^2}$$

und

$$x_4 = 9 + 1{,}01 \cdot x_1 - \sqrt{(9 + 1{,}01 \cdot x_1)^2 - x_1^2}$$

b) für $z = 2$

$$x_3 = 19 + 1{,}01 \cdot x_1 + \sqrt{(19 + 1{,}01 \cdot x_1)^2 - x_1^2}$$

und

$$x_4 = 19 + 1{,}01 \cdot x_1 - \sqrt{(19 + 1{,}01 \cdot x_1)^2 - x_1^2}.$$

Diese Gleichungen sind in Abb. 4 auf S. 32 dargestellt.

Zu Abb. 4. Es wurde, vom Koordinatenanfangspunkt ausgehend, unter 45° die Gerade für x_1 eingezeichnet, so daß sinnfällig wird, wie weit man über und unter x_1 hinausgehen darf, ohne mehr als 1 vH Kostenüberschreitung gegenüber der Herstellung mit x_1 zu verursachen. Es ist auffällig, daß die untere Grenze wesentlich schneller als die obere erreicht wird. Diese Erscheinung wurde schon unter B V (S. 26) erwähnt. Sie entspricht dem Verlauf der Kurve $y = f(x)$ in Abb. 2 (S. 12), welche für abnehmende Werte von x stark anwachsende Kosten y ergibt. Mit Rücksicht hierauf wurde vorgezogen, die errechneten Losziffern zu über- statt zu unterschreiten.

Nach Abb. 4 hat es nun den Anschein, als ob der Spielraum für die Wahl der auszuführenden Loszahl x_5 unverhältnismäßig groß ist. Es ist aber zu beachten, daß sich der vorgesehene Satz von 1 vH auf den Wert eines Teiles bezieht, also eine um so größere Bedeutung hat, je größer dieser Wert und die Anzahl der hergestellten Teile ist. Es wird demnach immer beobachtet werden müssen, wie weit man sich innerhalb des gege-

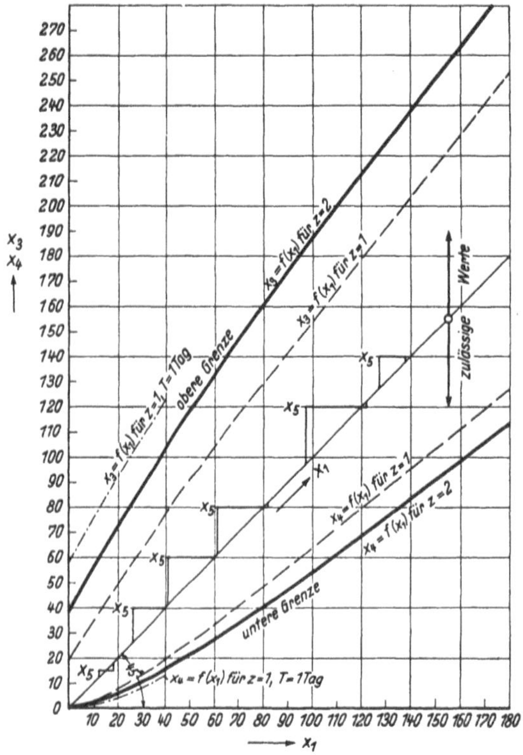

Abb. 4. Zulässige Losziffern x_3 und x_4 in Abh. v. errechneter Losziffer x_1 bei $z = 1$ und $z = 2$, $T = 3$ Tage, zugelassener Kostensteigerung $\frac{y_2}{y_1} < 1{,}01$.

benen Spielraumes von x_1 entfernen darf. Hierfür ist ein einfaches Hilfsmittel dadurch gegeben, daß die Kostenüberschreitung in vH des Wertes eines Teiles angegeben ist. Hierdurch ist man in der Lage, sofort zu übersehen, wie groß bei der Herstellung von x_5 Teilen die Kostenüberschreitung, ausgedrückt im Wert eines Teiles, sein wird. Nimmt man z. B. bei der Anfertigung von 200 Teilen eine Kostenüberschreitung von 2 vH des Wertes eines Teiles in Kauf, so verteuern sich diese 200 Teile um den Wert von $200 \cdot \frac{2}{100} = 4$ Teilen.

Zahlentafel 1.

Errechnete Losziffern x_1, ausgeführte Losziffern x_5 und Ersparnisse.

Teil Nr.	z	$\sum_1^n E \cdot f$ RM.	$M + \sum_1^n S \cdot f$ RM.	z_1/n_1	x_1	x_5	Ersparnisse je St. RM.	Ersparnisse je Masch. RM.	Ersparnisse je St. vH
1	1	0,95	66,59	0,014	5	}	Sonderregelung		
2	1	6,75	335,38	0,020	6	}			
3	1	4,73	152,31	0,031	8	}			
4	1	4,70	62,35	0,076	12	15	0,09	wie je	—
5	1	3,46	44,80	0,077	12	15	0,07	Stück,	—
6	1	2,39	24,05	0,10	14	15	0,03	da	—
7	1	0,66	6,13	0,11	14	15	0,01	$z = 1$	—
8	1	2,51	18,61	0,14	16	15	0,01		—
9	1	1,53	9,27	0,17	18	15	—		—
10	1	0,58	1,62	0,36	26	40	—		—
11	1	3,17	8,40	0,38	27	40	0,01		—
12	1	4,03	9,53	0,42	28	40	—		—
13	1	0,39	0,92	0,42	28	40	—		—
14	1	0,58	1,41	0,41	28	40	—		—
15	1	1,93	4,05	0,48	30	40	—		—
16	1	3,21	6,34	0,51	31	40	0,01		—
17	1	4,17	7,06	0,59	33	40	0,03		—
18	1	1,11	1,92	0,58	33	40	0,01		—
19	1	1,25	2,00	0,63	34	40	0,01		—
20	1	4,07	6,52	0,62	34	40	0,03		—
21	1	3,19	5,14	0,62	34	40	0,02		—
22	1	1,52	2,21	0,69	36	40	0,01		—
23	1	4,16	6,00	0,69	36	40	0,04		1
24	1	3,73	5,33	0,70	36	40	0,04		1
25	1	3,73	5,08	0,73	37	40	0,04		1
26	1	5,85	8,11	0,72	37	40	0,06		1
27	1	1,73	2,31	0,75	38	40	0,02		1
28	1	2,40	3,18	0,76	38	40	0,03		1
29	1	1,11	1,40	0,79	38	40	0,01		1
30	1	1,65	2,15	0,77	38	40	0,02		1
31	1	1,53	2,00	0,77	38	40	0,02		1
32	1	2,27	2,85	0,80	39	40	0,03		1
33	1	4,63	5,71	0,81	39	40	0,06		1
34	1	1,11	1,37	0,81	39	40	0,01		1
35	1	4,47	5,28	0,85	40	40	0,06		1
36	1	0,92	1,08	0,85	40	40	0,01		1
37	1	2,06	2,34	0,88	41	60	0,02		1
38	1	2,41	2,34	1,03	44	60	0,03		1
39	1	5,46	5,02	1,09	45	60	0,07		1
40	1	6,84	5,98	1,14	46	60	0,10		2
41	1	4,37	3,65	1,20	47	60	0,07		2
42	1	2,06	1,78	1,16	47	60	0,03		2
43	1	1,65	1,40	1,18	47	60	0,03		2
44	1	7,53	6,31	1,19	47	60	0,12		2
								RM. 1,26	

Zahlentafel 1 (Fortsetzung).

Teil Nr.	z	$\sum_1^{n} E\cdot f$ RM.	$M+\sum_1^{n} S\cdot f$ RM.	z_1/n_1	x_1	x_s	Ersparnisse je St. RM.	Ersparnisse je Masch. RM.	Ersparnisse je St. vH
			Übertrag: Ersparnisse je Maschine RM. 1,26						
45	1	1,65	1,29	1,28	49	60	0,03	—	2
46	1	6,95	5,50	1,26	49	60	0,11	—	2
47	1	2,78	2,14	1,30	49	60	0,05	0,05	2
48	1	2,47	1,89	1,30	49	60	0,04	0,04	2
49	1	3,77	2,78	1,36	50	60	0,07	0,07	2
50	1	3,60	2,70	1,33	50	60	0,06	0,06	2
51	2	3,79	5,69	1,33	50	60	—	—	—
52	2	0,58	0,83	1,40	51	60	—	—	—
53	1	3,40	2,43	1,40	51	60	0,06	0,06	2
54	1	5,03	3,50	1,44	52	60	0,09	0,09	2
55	1	2,53	1,73	1,46	52	60	0,05	0,05	3
56	1	4,77	2,91	1,64	55	60	0,10	0,10	3
57	2	0,58	0,70	1,66	56	60	—	—	—
58	1	7,30	4,32	1,69	56	60	0,15	0,15	3
59	1	1,65	0,97	1,70	56	60	0,03	0,03	3
60	1	2,56	1,42	1,80	58	60	0,06	0,06	4
61	1	4,00	2,12	1,89	59	60	0,09	0,09	4
62	1	2,16	1,11	1,95	60	60	0,05	0,05	4
63	1	4,05	2,10	1,93	60	60	0,09	0,09	4
64	1	5,92	3,02	1,96	61	80	0,13	0,13	4
65	1	5,09	2,56	1,99	61	80	0,11	0,11	4
66	1	6,76	2,94	2,30	66	80	0,16	0,16	5
67	2	2,08	1,72	2,42	67	80	0,01	0,02	1
68	1	1,11	0,43	2,58	69	80	0,03	0,03	6
69	1	1,65	0,65	2,54	69	80	0,04	0,04	6
70	1	1,63	0,59	2,76	72	80	0,04	0,04	6
71	3	2,14	2,33	2,76	72	80	—	—	—
72	2	1,88	1,15	3,27	78	80	0,01	0,02	1
73	1	2,45	0,75	3,26	78	80	0,07	0,07	8
74	1	2,83	0,83	3,42	80	80	0,08	0,08	8
75	2	1,60	0,89	3,60	82	80	0,01	0,02	1
76	2	2,57	1,03	5,00	97	120	0,02	0,04	2
77	3	0,32	0,17	5,65	103	120	—	—	—
78	3	1,84	0,74	7,45	118	120	—	—	—
79	2	2,49	0,66	7,55	119	120	0,03	0,06	4
80	3	1,79	0,67	8,00	122	120	0,01	0,03	1
81	3	1,76	0,61	8,65	127	140	0,01	0,03	1
82	2	3,51	0,76	9,25	131	140	0,04	0,08	5
83	1	2,04	0,20	10,20	138	140	0,07	0,07	23
84	2	3,32	0,65	10,20	138	140	0,04	0,08	5
85	2	2,74	0,22	24,90	216	200	0,04	0,08	14
86	8	3,25	0,54	51,00	300	300	0,01	0,08	2
87	9	3,21	0,32	90,30	410	400	0,01	0,09	3
			Summe der Ersparnisse je Maschine RM. 3,75						

c) Es wurden für die gleichen Werte wie unter a) aber $T = 1$ Tag die strichpunktierten Kurven eingezeichnet. Diese Kurven liegen noch weiter von der Geraden für x_1 entfernt als die entsprechenden für $T =$ 3 Tage. Mit wachsendem Lieferprogramm nimmt also der Spielraum für die Wahl der auszuführenden Losziffer zu. Gleichzeitig wachsen aber auch die errechneten Losziffern x_1, im vorliegenden Falle um $\sqrt{3} = 1{,}7$. Ein Teil, das bei $T = 3$ Tage z. B. die errechnete Losziffer $x_1 = 20$ hatte, hat dann $x_1 = 34$. Die zulässige Abweichung nach oben betrug bei $T =$ 3 Tage 30 Stück, also das 1,5fache von x_1, bei $T = 1$ Tag beträgt sie 80 Stück, das ist bereits das 2,4fache! Die zulässige Abweichung nach unten nimmt aber nicht entfernt in diesem Maße zu, wie aus Abb. 4 ohne weiteres ersichtlich ist. Es empfiehlt sich also auch bei vergrößertem Lieferprogramm, eher über x_1 hinauszugehen als darunter.

Wahl der Losziffern x_5. Die Losziffern x_5 für die Teile laut Zahlentafel 1 wurden wie folgt bestimmt. Die Teile Nr. 1 bis 3 schieden, wie schon erwähnt wurde, für die Loszifferfertigung aus. Für die übrigen Teile kamen Losziffern x_5 nach Zahlentafel 2 in Frage. Die Werte von x_5 sind auch in Zahlentafel 1 (S. 33/34) eingetragen.

Zahlentafel 2.

Ausgeführte Losziffern x_5.

Teil Nr.	Losziffer errechnet x_1	Losziffer ausgeführt x_5
1— 3	5— 8	Sonderreglung
4— 9	12— 18	15
10—36	26— 40	40
37—63	41— 60	60
64—75	61— 82	80
76—80	97—122	120
81—84	127—138	140
85	216	200
86	300	300
87	410	400

In Abb. 4 (S. 32) sind die gewählten Werte von x_5 auf der unter 45^0 gezogenen Geraden für x_1 abgetragen, wodurch ersichtlich wird, wie weit der gegebene Spielraum ausgenutzt wurde.

C I 3. Die errechneten Ersparnisse bei Loszifferfertigung gegenüber der früheren Herstellungsweise.

In Zahlentafel 1 (S. 33/34) sind die errechneten Ersparnisse eingetragen, die sich bei der Loszifferfertigung gegenüber der früheren Herstellungsweise ergeben würden, wenn alle Voraussetzungen der Rechnung erfüllt würden. Bei der Berechnung wurden die Gesamtkosten eines

Teiles bei der früheren Herstellungsweise mit den Gesamtkosten eines Teiles bei der Anfertigung von je x_5 Teilen verglichen. Bei den errechneten Ersparnissen überwiegt der Einfluß der abnehmenden Einrichtekosten je Teil die Zunahme der Zinskosten je Teil, abgesehen von Teil 4 bis 8, wo eine Zinsersparnis errechnet wurde. Diese Ersparnisse sind je Teil in RM. und in vH der Gesamtkosten eines Teiles bei der früheren Herstellungsweise sowie in RM. je Maschine eingetragen. Diese Ersparnisse sind bei einzelnen Teilen beträchtlich, der Gesamtbetrag ist aber bei dieser Gruppe im Verhältnis zum Wert der Gruppe und der Maschine klein. Die Ersparnis für alle Teile der Maschine betrug etwa RM. 10,—. Die Ursache dafür, daß diese rechnerische Ersparnis so klein ist, ist darin zu sehen, daß der angenommene Zinssatz sehr hoch liegt, wodurch die Werte x_1 verhältnismäßig niedrig ausfielen, ferner darin, daß die frühere Auflage von 20 sehr glücklich gewählt war; endlich ist der Wert der Teile mit hoher Losziffer klein, so daß eine relativ große Ersparnis sich wertmäßig nicht stark auswirken kann. Diese Ersparnis von RM. 100,— im Monat wurde auch nur als Reserve für den Fall betrachtet, daß das Fabrikationsprogramm verkleinert werden mußte, so daß also größere Zinskosten für die lagernden Teile aufliefen. Selbst wenn diese Reserve aufgezehrt war, waren die Herstellungskosten zuzüglich Zinsen noch nicht höher als bei der früheren Herstellungsweise. Unter C I 4 (S. 37) ist der durchschnittliche Wert des Lagers von Teilen der Maschine, die nach Losziffern hergestellt wurden, mit RM. 20 800,— angenommen worden. Dieser Lagerbestand würde einen monatlichen Zinsaufwand von etwa RM. 225,— erfordern, wenn mit einem Zinssatz von 13 vH gerechnet wird. Die Reserve von RM. 100,— im Monat würde also bedeuten, daß das Fabrikationsprogramm auf $^2/_3$ der vorgesehenen Menge vermindert werden könnte, bevor die Gesamtkosten der Teile größer als bei der früheren Herstellungsweise werden würden.

An diesem Zahlenbeispiel kann natürlich nur gezeigt werden, mit welchen Größenordnungen man ungefähr zu rechnen hat.

C I 4. Zinsverlust und durchschnittlicher Lagerbestand.

Da die Summe der monatlich für die Teile der Serienmaschine gezahlten Einrichtelöhne zuzüglich Unkosten bekannt war, konnte man leicht die zu erwartenden Zinskosten und den durchschnittlichen Lagerbestand für diese Teile überschlagen. Nimmt man z. B. an, daß für alle Teile der Serienmaschine, die nach Losziffer aufgelegt wurden, ausschließlich der Normteile RM. 300,— Einrichtelöhne und 200 vH Unkosten gezahlt wurden, und daß die Lose durchschnittlich einen Vorrat für 4 Monate darstellen — was bei der durchgerechneten Gruppe zutrifft —, so würde man mit RM. 900,— Zinsverlust in 4 Monaten rechnen müssen, wenn man die Teile der Maschine mit der errechneten Losziffer x_1 auflegen würde. In Wirklichkeit ist der Zinsverlust aber etwas größer, da die ausgeführten Losziffern x_5 größer als x_1 sind.

Von diesem Zinsverlust kann man auf den durchschnittlichen Wert des Lagers dieser Teile schließen, da der Zinssatz p bekannt ist. Bei den obigen Annahmen ist dieser durchschnittliche Lagerwert $3 \cdot 900 \cdot \frac{100}{13}$ = RM. 20 800,—.

C II. Praktische Durchführung der Loszifferfertigung bei nicht planmäßig gebrauchten Teilen.

1. Zahlenbeispiel.

Der Materialwert M eines Normteiles betrage RM. 0,15. Aus der Lagerkarte dieses Teiles ergibt sich, daß zu einer Zeit, wo die Fabrik etwa den Beschäftigungsgrad hatte, wie er nach der Neuanfertigung des Teiles auch zu erwarten war, 157 Stück in 53 Tagen verbraucht worden waren. Es war also

T = 53 Tage,
z = 157 Stück,
M = RM. 0,15 und
p = 13 vH (angenommen).

Einrichte- und Stücklöhne wurden aus der Akkordstammkartei entnommen, die Unkostensätze der einzelnen Werkstätten wurden von der Betriebsrechnung geliefert. Diese Beträge wurden nach folgendem Schema zusammengestellt:

Op. Nr.	Einr. E RM.	Stückl. S RM.	Unk. $U/100$	$E \cdot f$ RM.	$S \cdot f$ RM.
1	0,15	0,49	2,14	0,47	1,54
2	0,09	0,07	1,87	0,26	0,20
				$\Sigma E \cdot f$ — 0,73	M = 0,15
					$M + \Sigma S \cdot f$ = 1,89

$$f = 1 + \frac{U}{100}$$

Nach Formel 5 (S. 18) ist

$$x_1 = \sqrt{\frac{\sum_1^n E \cdot f}{(M + \sum_1^n S \cdot f) \cdot F_1} \cdot \frac{z}{T}}, \text{ wo}$$

$$F_1 = \frac{p}{365 \cdot 100} \cdot \frac{1}{2}$$

ist. Mit den obigen Werten wird

$$F_1 = \frac{13}{365 \cdot 100} \cdot \frac{1}{2}$$
$$= 0{,}000178 \text{ und}$$

$$x_1 = \sqrt{\frac{0,73}{1,89 \cdot 0,000178} \cdot \frac{157}{53}}$$

$x_1 =$ **79 Stück**

2. Graphische Darstellung Abb. 5.

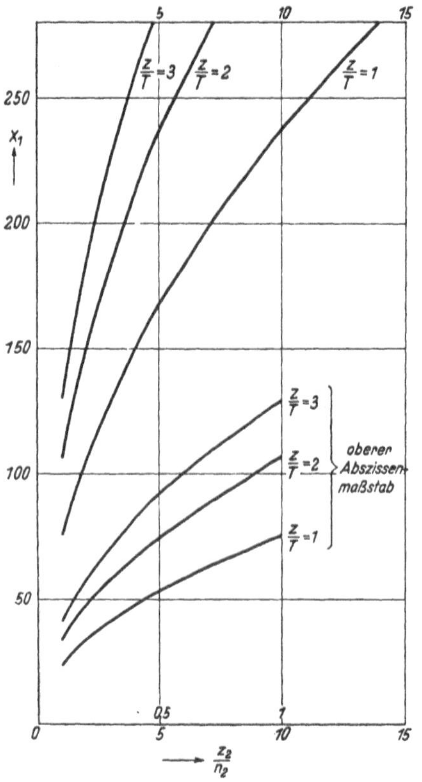

Abb. 5. Losziffer x_1 in Abh. von $\frac{z_2}{n_2}$ für verschiedene Werte von $\frac{z}{T}$.

Die Ausrechnung der Wurzel kann man vermeiden, wenn man $x_1 = f\left(\frac{z_2}{n_2}\right)$ für verschiedene Werte von $\frac{z}{T}$ in der Weise aufträgt, wie es in Abb. 5 erfolgt ist. Man setzt in Formel 5

$$\sum_1^n E \cdot f = z_2$$

und

$$M + \sum_1^n S \cdot f = n_2,$$

so daß

$$x_1 = \sqrt{\frac{z_2\, z}{n_2 \cdot F_1 \cdot T}}.$$

Da

$$\frac{1}{F_1} = \frac{1}{0,000178}$$

konstant ist, wird

$$x_1 = 75 \sqrt{\frac{z_2 \cdot z}{n_2 \cdot T}} \quad . \quad . \quad (14)$$

Jetzt braucht man nur noch für verschiedene Werte von $\frac{z}{T}$ die Ausrechnung von x_1 vorzunehmen, wie es schon für Abb. 3 (S. 30) geschehen ist, um zu Abb. 5 zu gelangen.

3. Die praktisch auszuführenden Losziffern.

Für die Wahl der auszuführenden Losziffern innerhalb der Grenzen einer bestimmten zulässigen Kostenüberschreitung, wie sie bei planmäßigem

Verbrauch erfolgte, wird ein Verfahren anhand einer Kurvendarstellung entsprechend Abb. 4 (S. 32) meist zu umständlich sein. Praktisch wird wohl nur in Frage kommen, daß man mit Rücksicht auf die Belegung der Maschinen oder aus anderen Gründen gezwungen ist, eine wesentlich andere als die errechnete Losziffer aufzulegen. Dann könnte höchstens noch ein Interesse bestehen, die voraussichtlich eintretende Kostenüberschreitung gegenüber den minimalen Kosten zu überschlagen. Für diesen Fall benutzt man zweckmäßig Formel 12 (S. 25), deren Handhabung auf Seite 25 geschildert ist.

4. Zinsverlust und durchschnittlicher Lagerbestand.

Will man auch den Zinsverlust und den durchschnittlichen Lagerbestand überschlagen, der sich bei Loszifferfertigung der nicht planmäßig gebrauchten Teile einstellt, so muß man laufend für jedes Teil, das der Werkstatt aufgegeben wird, die Summe der Einrichtelöhne zuzüglich Unkosten und die durchschnittliche Lagerzeit notieren. Um die Schreibarbeit dabei zu verringern, kann man auch so vorgehen, daß man für die Ausrechnung der Werte z_2 und n_2 Karteikarten für jedes Teil anlegt, die, nach Teilnummern geordnet, aufbewahrt werden. In diesen Karten braucht dann bei jeder Neuaufgabe nur die durchschnittliche Lagerzeit des neuen Loses notiert zu werden, während man die Karte selbst durch Aufstecken eines Kartenreiters kennzeichnet. Man braucht dann am Monatsende lediglich bei den gezeichneten Karten die Werte von z_2 und die durchschnittlichen Lagerzeiten aufzuaddieren. Aus diesen Beträgen kann man dann in der Weise, wie es unter C I 4 (S. 36) geschildert wurde, auf den gesamten Zinsverlust an diesen Teilen und den durchschnittlichen Lagerbestand schließen.

C III. Vorteile der Loszifferfertigung.

Mit der Einführung der Loszifferfertigung sind im einzelnen nachweisbare Ersparnisse sowohl an Einrichte- wie auch an Zinskosten verbunden. Diese können in Fällen, die anders als der oben untersuchte geartet sind, beträchtlich sein. Ergibt sich ferner aus der Loszifferrechnung, daß die bisher aufgegebenen Mengen zu groß waren, so bekommt man ein kleineres Zwischenlager oder auch Fertiglager mit entsprechend erhöhter Liquidität, verringertem Zinsendienst und kleinerem Risiko. Waren die bisher aufgegebenen Mengen zu klein, so wird zwar das Zwischen- oder Fertiglager größer, die fabrikatorischen Vorteile werden aber diesen Nachteil überwiegen. In vielen Betrieben wird man, vom Standpunkte des Verfahrens gesehen, nebeneinander zu große und zu kleine Mengen aufgegeben haben. Dort werden sich mit der Einführung des Verfahrens die oben erwähnten Vorteile nebeneinander einstellen. Im folgenden mögen noch einige Vorteile erwähnt werden, die sich beim Übergang zu größeren Losen ergeben.

1. Betr. Ausschuß.

Ein besonders bemerkenswerter Vorteil ergibt sich dadurch, daß bei der Abkehr von der »kommissionsweisen« Fertigung und dem Übergang zu größeren Losziffern das vollzählige Ausliefern der aufgegebenen Stückzahlen nicht mehr erforderlich ist. Es kann also das außerordentlich kostspielige und zeitraubende Nachtreiben von Ersatz für die Ausschuß gewordenen Teile unterbleiben.

2. Schnellere Montage, kürzere Lieferzeiten.

Die Gefahr, daß Teile in der Montage fehlen, nimmt mit wachsenden Losziffern ab. Es können daher kürzere Montage- und Lieferzeiten mit allen damit verbundenen Annehmlichkeiten erzielt werden. Entsprechend wird auch der Kapitalumschlag vergrößert.

3. Schreib- und Rechenarbeit.

In dem Maße, wie die Losziffern gegenüber der früheren Herstellungsweise steigen, nimmt die Schreib- und Rechenarbeit im Werkbüro, im Betriebe, im Lohnbüro und in der Nachkalkulation ab, da entsprechend weniger Arbeitsunterlagen hergestellt und abgerechnet zu werden brauchen.

4. Laufende Bestandskontrolle.

Bei den Teilen, die nicht planmäßig verbraucht werden, ist es ratsam, die Losziffer bei jeder Neuanfertigung neu berechnen und auch nicht notieren zu lassen, damit die Ziffern nicht einfach übernommen werden können, sondern jedesmal geprüft werden muß, welches unter den obwaltenden Betriebsverhältnissen die richtige Ziffer ist.

Die Entscheidung über die auszuführenden Stückzahlen sollte bei der Betriebsleitung in enger Zusammenarbeit mit der Direktion und dem Konstruktionsbüro liegen. Diese Stellen haben den nötigen Überblick über die allgemeine Lage und zu erwartende Konstruktionsänderungen. Da nun die Stückzahlen bei Loszifferfertigung nicht mehr in einem unmittelbaren Zusammenhange mit der Anzahl der monatlich zu liefernden Maschinen oder Fabrikate überhaupt stehen, muß die Aufgabe aller Teile, der planmäßig wie der nicht planmäßig gebrauchten, von einer Betriebsstelle veranlaßt werden, welche die Bestände kennt. Wird der festgesetzte Mindestbestand erreicht, so gibt dieser Beamte die Lagerkarte des Teiles an die Betriebsleitung weiter, die das Erforderliche veranlaßt. Durch einen derartigen Geschäftsgang ist eine ständige Kontrolle der Bestände von verantwortlicher Seite gewährleistet, wodurch auch die Gefahr, daß Ladenhüter liegen bleiben, denkbar eingeschränkt wird.

5. Maschinenausnutzung.

Bei der Einführung des Verfahrens wird sich vielfach, wie der Verfasser beobachtete, herausstellen, daß man Teile, die bisher z. B. auf der Revolverbank hergestellt wurden, auch auf Automaten anfertigen kann. Dann ist es unter Umständen eine große Annehmlichkeit, wenn man die Arbeit von einer überlasteten Maschinengruppe auf eine weniger belastete umlegen kann.

6. Psychologische Wirkung.

Es ist nicht zu unterschätzen, welchen Einfluß es auf die Stimmung und Leistung der Werkstatt hat, wenn größere Lose aufgelegt werden. Ein ständig wiederkehrendes Argument bei Lohnstreitigkeiten ist ja der Hinweis auf zu kleine Lose.

D. Praktische Anwendung der Bestellzifferrechnung.

I. Berechnung der Bestellkosten[1]).

Vorbemerkung: die im folgenden angeführten Beispiele sind in Anlehnung an die im Betriebe der Firma Franz Braun Akt.-Ges. durchgerechneten Fälle gebildet worden, die Zahlenwerte stimmen aber weder in ihrem Betrage noch der Größenordnung nach mit jenen überein.

Der Berechnung der Bestellkosten legte der Verfasser das vorhergehende Geschäftsjahr zugrunde und stellte fest, daß im Monat durchschnittlich 900 Bestellungen verbucht worden waren. Von dieser Zahl waren die Bestellungen für einmalige Anschaffungen, Reparaturen im Hause u. dgl. und für die Teile derjenigen Maschinen abzusetzen, die nicht serienmäßig hergestellt wurden. Dann verblieben noch 700 Bestellungen je Monat, auf welche die Bestellzifferrechnung anwendbar gewesen wäre. Es wurde angenommen, daß man auch in Zukunft mit 700 Bestellungen im Monat rechnen müßte. Die durchschnittlichen Kosten der Einkaufsabteilung, die sich aus der Betriebsrechnung ergaben, betrugen monatlich RM. 700,—, so daß die Bestellkosten mit durchschnittlich $B =$ RM. 1,— angenommen werden konnten.

D II. Zahlenbeispiele für die Berechnung der wirtschaftlichen Bestellziffer.

1. Für planmäßigen Verbrauch.

Mit $B =$ RM. 1,— nimmt Formel 8 (S. 22) folgende Form an:

$$x_b = \sqrt{\frac{z}{P \cdot F}}.$$

Wird wieder $p = 13$ vH und

$T = 3$ Tage angenommen, so wird

$$F = \frac{p \cdot T}{365 \cdot 100} \cdot \frac{1}{2}$$

---

[1]) S. IX, S. 50.

$$F = \frac{13 \cdot 3}{365 \cdot 100} \cdot \frac{1}{2}$$

$F = 0{,}000534$ wie bei Lz S. 29.

Hiermit wird

$$x_b = 43 \sqrt{\frac{z}{P}} \quad \ldots \ldots \ldots \ldots \ldots \ldots \quad (15)$$

Um die Ausrechnung der Wurzel zu sparen, kann man wieder eine graphische Darstellung wählen, wo $x_b = f\left(\frac{z}{P}\right)$ ist.

Zur Veranschaulichung der Zahlenrechnung möge folgendes Beispiel dienen. Ein Teil der Serienmaschine, für welches der Rohguß von auswärts bezogen wurde, hatte folgende Daten:

$P = \text{RM. } 3{,}80$

$z = 1$, also war nach Formel 15

$$x_b = 43 \cdot \sqrt{\frac{1}{3{,}80}}$$

$x_b =$ **22 Stück.**

2. Für nicht planmäßigen Verbrauch.

Mit $B = \text{RM. } 1{,}$— schreibt sich Formel 9 (S. 22)

$$x_b = \sqrt{\frac{z}{P \cdot F_1 \cdot T}}.$$

Nun ist

$$F_1 = \frac{p}{365 \cdot 100} \cdot \frac{1}{2}$$

$$= \frac{13}{365 \cdot 100} \cdot \frac{1}{2}$$

$F_1 = 0{,}000178$

wie bei Lz S. 38, somit

$$x_b = 75 \cdot \sqrt{\frac{1}{P} \cdot \frac{z}{T}} \quad \ldots \ldots \ldots \ldots \ldots \ldots \quad (16)$$

Zur Vereinfachung der Ausrechnung empfiehlt sich eine graphische Darstellung $x_b = f\left(\frac{1}{P}\right)$ entsprechend Abb. 5 (S. 38).

Die zahlenmäßige Ausrechnung möge durch folgendes Beispiel erläutert werden: der Gewindestift mit Zapfen ½″ × 18, M 9, war in 365 Tagen 510mal entnommen worden; der Preis eines Stiftes war $P = \text{RM. } 0{,}03$. Hiermit wird

$$x_b = 75 \cdot \sqrt{\frac{1}{0{,}03} \cdot \frac{510}{365}}$$

$x_b =$ **510 Stück.**

Für dieses Teil war also zufällig die Bestellziffer gleich dem Jahresbedarf.

D III. Ermittlung der praktisch auszuführenden Bestellziffern.

1. Für planmäßigen Verbrauch.

Um dem Einkäufer einen Anhaltspunkt zu geben, wie weit er sich bei den Bestellungen von den errechneten Bestellziffern entfernen darf, gibt man ihm zweckmäßig eine graphische Darstellung entsprechend Abb. 4 (S. 32), die für die Loszifferrechnung hergestellt wurde.

2. Für nicht planmäßigen Verbrauch.

Entsprechend dem unter C II 3, S. 38, Gesagten empfiehlt sich lediglich die Benutzung der Formel 12, S. 25.

D IV. Der Zinsverlust und der durchschnittliche Lagerbestand bei Bestellung der errechneten Bestellmengen.

Die Berechnung des Zinsverlustes und des durchschnittlichen Lagerbestandes für diejenigen Mengen, die auf Grund der Bestellzifferrechnung bestellt wurden, kann unter Berücksichtigung der Ausführungen unter B VII, S. 28, etwa folgendermaßen durchgeführt werden.

Es waren für die Berechnung der Bestellkosten durchschnittlich 700 Bestellungen im Monat angenommen worden. Für jede dieser Bestellungen möge angenommen werden, daß der vorausgesehene Verbrauch auch in Wirklichkeit eintritt, so daß also jede Bestellung einen Zinsverlust von RM. 1,— (das sind die Bestellkosten) mit sich bringt. Dann beträgt der monatliche Zinsverlust RM. 700,— und der durchschnittliche Wert des Lagers für die Gegenstände der Bestellzifferrechnung $\frac{100}{13} \cdot 700 \cdot 12 =$ RM. 65000,—.

D V. Vorteile der Bestellzifferrechnung.

Die Bz wurde bei allen Bestellungen auf Teile, Material oder Gegenstände ermittelt, die laufend gebraucht wurden, und für die eine Lagerzeit in Frage kam, also auch für Drucksachen, Bindfaden usw. Gerade bei derartigen Gegenständen des täglichen Bedarfes, die einen kleinen Wert haben, ergaben sich interessante Ergebnisse. Diese Gegenstände wurden z. T. in viel zu kleinen Mengen bestellt, obwohl bei diesen des geringen Wertes und des ständigen Verbrauches wegen kein Risiko bestand. Es ergaben sich teilweise die zehnfachen Bestellmengen, so daß die damit verbundenen Erleichterungen für den Einkauf und alle Betriebsstellen, die mit den Bestellungen zu tun hatten, bedeutend waren.

Aus diesem Grunde kann der Verfasser der Meinung von Stefanic-Allmayer[1]) nicht beipflichten, wenn er sagt: »Die Formel soll nur für die

---

[1]) S. IX, S. 50.

Hauptmaterialien angewandt werden, nicht für die unzähligen Kleinigkeiten, die nebenher gehen und, jede für sich betrachtet, keine nennenswerten Beträge ausmachen.« — Gerade weil es Kleinigkeiten sind, sollte der Einkauf, die Warenannahme, die Lagerverwaltung, die Rechnungskontrolle, die Buchhaltung und die Registratur damit so wenig wie möglich belastet werden.

Es ergaben sich aber auch, wie zu erwarten war, Fälle, wo kleinere Mengen als früher bestellt werden mußten; die Berechnung der Bestellziffern führte also auch zu Zinsersparnissen.

Mit der Einführung der Bestellzifferrechnung ergibt sich also in den Fällen, wo vorher zu wenig bestellt wurde, eine große Arbeitsersparnis, ohne daß gleichzeitig ein übermäßiges Anwachsen des Lagers zu befürchten ist. Mit einem größeren Lager kann aber die Kundschaft oder der Betrieb schneller und sicherer bedient werden. Umgekehrt erzielt man in den Fällen, wo früher zuviel bestellt worden war, eine Ersparnis an Zinsen und ein kleineres Risiko. Durch die Bestellzifferrechnung werden aber auf jeden Fall die Bestellungen in einer Weise dem Verbrauch und der Finanzlage des Betriebes angepaßt, wie es bei rein gefühlsmäßiger Aufgabe von Bestellungen nicht möglich ist.

E. Zusammenfassung der Ergebnisse.

In der vorliegenden Arbeit wurden Los- und Bestellzifferrechnung gemeinsam, von allgemeinen Formeln ausgehend, behandelt. Hierbei ergab sich, daß die Fragen, die bei der Loszifferrechnung auftreten, in entsprechender Weise auch bei der Bestellzifferrechnung zu finden sind und mit entsprechenden Formeln gelöst werden können. Damit ist für die Betriebe, wo Los- und Bestellzifferrechnung nebeneinander angewandt werden, eine einheitliche Handhabung gewährleistet.

An Beispielen aus der Praxis wurde gezeigt, daß die Ermittlung der Lz wie der Bz mit den neuen Formeln oder graphischen Darstellungen schnell und einfach durchgeführt werden kann. Hierbei wurde eine getrennte Behandlung von planmäßigem und nicht planmäßigem Verbrauch vorgenommen, die durch die Einführung der Begriffe der »täglichen Verbrauchsmenge« und des »Montagetaktes« in die Formeln erleichtert wurde.

Es wurde ferner geschildert, wie man vorgehen muß, damit man mit den praktisch ausgeführten Los- und Bestellziffern innerhalb bestimmter Fehlergrenzen bleibt. In diesem Zusammenhange wurde auch eine Formel angegeben, mit der man errechnen kann, um wieviel sich die beschafften Mengen verteuern, wenn man statt der errechneten Mengen andere aufgeben muß. Damit wurde die Sicherheit bei der Handhabung des Verfahrens wesentlich vergrößert.

Weiterhin wurde an Zahlenbeispielen gezeigt, wie man die Zinskosten und die durchschnittlichen Lagerbestände, die sich bei Anwendung des

Verfahrens einstellen, überschlägig berechnen kann, wie man also von diesen wichtigen wirtschaftlichen Auswirkungen des Verfahrens eine Vorstellung gewinnt.

Für die Loszifferrechnung wurde ein Zahlenbeispiel aus der Praxis des Werkzeugmaschinenbaues durchgeführt. Es ergab sich hierbei, daß man bei der Anfertigung von Teilen für eine Serienmaschine von einer schon glücklich gewählten Auflage zu wesentlich höheren Losen übergehen konnte, um wesentliche fabrikatorische Vorteile zu erzielen. Für einige Teile der untersuchten Maschinengruppe wurden bemerkenswerte Ersparnisse an Einrichtekosten nachgewiesen, die zu dem Schluß berechtigen, daß mit der Loszifferfertigung eine beträchtliche, im voraus berechenbare Senkung der Gestehungskosten eines ganzen Fabrikates verbunden sein kann, die in dem untersuchten, besonders gearteten Fall nicht zu erwarten war.

Bei der Behandlung der Bestellzifferrechnung wurde besonders darauf hingewiesen, daß eine große Arbeitsersparnis erzielt werden kann, wenn man die vielen Gegenstände des täglichen Bedarfes, die wenig kosten und kein Risiko enthalten, in größeren Mengen bestellt.

Aus der Arbeit geht ferner hervor, daß selbst in den Fällen, wo nennenswerte Ersparnisse mit dem Verfahren nicht verbunden sein sollten, seine Anwendung aus dem Grunde empfehlenswert ist, weil man damit ein ausgezeichnetes Werkzeug in der Hand hat, die Lagerbestände organisch zu regeln. Durch die einheitliche Durchführung der Los- und Bestellzifferrechnung in einem Betriebe sind ja Rohmaterial-, Betriebsmittel-, Zwischen- und Fertiglager automatisch aufeinander, auf den Verbrauch und auf die Finanzen des Betriebes abgestimmt, und zwar, was das Wesentliche ist, für alle lagernden Gegenstände. Übermäßig große oder kleine Bestände sind vermieden. Darüber hinaus hat man in der Los- und Bestellzifferrechnung eine Handhabe, die Bestände vorsorglich zu beeinflussen. Dazu ist nur eine Änderung des angenommenen Zinssatzes nötig. Durch diese einfache Maßnahme kann man wiederum alle Bestände des Betriebes einheitlich ändern.

Das Verfahren kann also als ein Regulator des Betriebes angesehen werden, der normalerweise die Material- und Lohnbewegung, soweit sie Gegenstand des Verfahrens ist, nach der Belastung des Betriebes automatisch regelt, der aber auch in besonderen Fällen von außen verstellt werden kann, um die Bestände besonderen Anforderungen anzupassen. Damit dürfte die Bedeutung des Verfahrens hinreichend gekennzeichnet sein.

F. Anhang.

Literatur-Nachweis.

I. Dipl.-Ing. Dr. rer. pol. Alfred Alexander-Katz, Berlin, Ermittlung von wirtschaftlichen Losgrößen bei Reihenfertigung. »Maschinenbau« 15. 1. 31, Heft 2.

II. Dr.-Ing. Kurt Andler, Rationalisierung der Fabrikation und optimale Losgröße. München 1929.

III. Dipl.-Ing. C. v. Dobbeler, Berechnung der wirtschaftlichsten Fertigungseinheit bei der Aufstellung eines Fertigungsplanes. »Der Betrieb« 1920, Heft 9.

IV. Ing. R. v. Holzer, Die wissenschaftliche Bestimmung der Größe der Werkstattaufträge. »Organisation — Buchhaltung — Betrieb«, 29. Jahrgang (1927), Heft 31.

V. H. Kroner, Wirtschaftliche Losgröße und Fabrikationszeit. »Werkstattstechnik« 15. 2. 1931, Heft 4, S. 99.

VI. G. Liwschütz, Zur Errechnung der wirtschaftlichen Mindestmenge. »Werkstattstechnik« 1930, Heft 10.

VII. F. E. Raymond, Economic lot sizes. »Factory and Industrial Management« 1930

Monat	Seite
VII	39
VIII	288
IX	519
X	735
XI	955
XII	1168

VIII. Schulz-Mehrin, Kosten bei Einzel-, Reihen- und Fließfertigung. »Maschinenbau« 1927, Heft 16, S. 813.

IX. Stefanic-Allmayer, Die günstigste Bestellmenge beim Einkauf. »Sparwirtschaft« Bd. 5 (1927), Heft 10.

X. Dr.-Ing. F. Zeidler, Der Kosteningenieur. VDI-Verlag, Berlin NW 7, 1929.

Zu I. Für den Sonderfall des Baues elektrischer Apparate wird die Fertigungszeit berücksichtigt, indem die »gesamte Kapitalbindung, die durch die Fertigung eines Gegenstandes in bestimmten Losgrößen entsteht, ermittelt und diese dann nach dem Beispiel der bisherigen wirtschaftlichen Losberechnung durch das Mittel der Differentialrechnung auf den günstigsten Wert hin untersucht wird.« »Als Durchschnittswert des Kapitalbedarfes ergibt sich:

Zahl der Monatseinheiten des Kapitalbedarfes

$$= \frac{\text{Zahl der Herstellungsmonate} + \text{Zahl der Verbrauchsmonate}}{2}.«$$

»Nach der Fertigungsdauer des längsten Stückes — richtet sich dann die Fertigungsperiode der gesamten Bauart, die für die Bestimmung des Faktors Q und damit der wirtschaftlichen Losgröße maßgebend ist.« »Hat man nämlich eine Fertigung, wie es z. B. in einer Fabrik elektrischer Apparate der Fall sein kann, — so kann bei der Disposition für Einzelteile nach wirtschaftlichen Losgrößen die Gefahr eintreten, daß die Übersicht über das satzmäßige Zusammengehören dieser Teile verlorengeht.« Um diese Übersicht zu ermöglichen, bildet A.-K. einen »Typenfaktor«, aus welchem der oben genannte Wert »Q« folgt. Dieser Typenfaktor lautet:

$$C_1 = \frac{c_1 + c_2}{2} + c_4, \text{ wo}$$

c_1 = Verwaltungszeit und Materialbeschaffungszeit in Monaten,

c_2 = Umlaufzeit (Transport, Zwischenzeiten) in Monaten,

c_4 = Zahl der Monate, für die ein eiserner Bestand gehalten werden soll, in Monaten.

Für verschiedene Werte des Jahresbedarfes S in Stück und von $\frac{P}{K}$, wo P = Kosten für Material und Lohn plus Zuschlag in RM. und K = einmalige Kosten für Einrichten und Buchen je Los in RM., findet er dann die Anzahl der Auflegungen im Jahr

$$x = \sqrt{\frac{Q \cdot P \cdot S}{K}}$$

x ist abgestuft nach 1, 2, 3, 4, 6 und 12 Monaten.

Zu II. 1. Bei A. ist »p = der Zinsfuß für Monatszins (also $^1/_{12}$ des Jahreszinsfußes). Dabei sollen die prozentualen Unkosten der Lagerverwaltung zu dem Kapitalzinsfuß addiert sein«. Diese Berechnungsweise wird sich nur dann empfehlen, wenn Los- und Bestellzifferrechnung nicht nebeneinander in einem Betriebe durchgeführt werden, da bei dieser Definition p für die Loszifferrechnung einen anderen Wert bekommen muß als für die Bestellzifferrechnung. Bei der Loszifferrechnung sind ja die Gegenstände der Verzinsung mit p andere und liegen in einem anderen Lager als bei der Bestellzifferrechnung, dementsprechend fallen auch die »prozentualen Unkosten der Lagerverwaltung« verschieden groß aus. Demgegenüber erscheint die Rechnung mit getrennten, einheitlichen Sätzen für die Kapitalverzinsung und die Materialverwaltung einfacher und übersichtlicher.

2. A. erörtert auf S. 56/57 seines Buches, ob es richtig ist, »die Verzinsung der Werkstücke schon während der Herstellungszeit und noch während der Zusammenbauzeit zu berücksichtigen« und kommt zu dem Ergebnis, daß es zweckmäßig ist, hiervon abzusehen. Er führt ferner aus: »Die Ausrechnung von Zinsen für das in den einzelnen Werkstücken festgelegte Betriebskapital während der Bearbeitungszeit — ist undurchführbar.« Dagegen möchte der Verfasser auf den von ihm angegebenen Weg hinweisen.

Zu III. 1. D. bemerkt u. a.: »Von den Lagerkosten sollen hier nur die Kosten für die Verzinsung berücksichtigt werden, dagegen wird der Anteil für Lagerräume bzw. Miete u. a. vernachlässigt, da er, auf das Einzelstück bezogen, ganz verschwindend klein ist und durch Einsetzen eines entsprechend höheren Zinsfußes in der Berechnung berücksichtigt werden kann.« Hiergegen möchte der Verfasser darauf hinweisen, daß in jedem Falle die Untersuchung angebracht ist, ob der Materialzuschlag eingesetzt werden muß oder nicht. Daß die Kosten für die Materialverwaltung besondere Beachtung verdienen, geht schon daraus hervor, daß sie z. B. in den Formeln, die Zeidler und Raymond angeben, durch ziemlich komplizierte Ausdrücke berücksichtigt werden.

2. D. rechnet mit einem Mindestlagerbestand, dessen Verzinsung in der Formel berücksichtigt wird. Ein derartiger Mindestlagerbestand erscheint auch in den Formeln anderer Autoren. Demgegenüber hat der Verfasser in seinen Formeln keinen Mindestlagerbestand angenommen, da er die Aufgabe der Loszifferrechnung darin sieht, die Kosten eines Loses oder der Teile eines Loses zu erfassen, während ein etwa vorhandener Mindestlagerbestand mit der Herstellung und Lagerung des untersuchten Loses nicht unmittelbar zusammenhängt. Die Frage, welchen Zinsaufwand die Mindestlagerbestände verursachen, wird zweckmäßig unabhängig von der Art der Herstellung gelöst werden.

3. D. (wie auch andere Autoren) gebraucht den »Jahresverbrauch« und die »Jahreserzeugung« als Rechnungsgrößen, die, wie auch Andler bemerkt, für den deutschen Gebrauch zu schwerfällig sind.

Zu IV. H. führt den Begriff der »Reservezeit« ein, die mit Hilfe eines Faktors »M« der Reservezeit so definiert ist, daß »Reservezeit = M · Bearbeitungszeit«. Die Ermittlung des Faktors »M« wird nicht angegeben.

Zu V. Folgende Sätze aus dem Aufsatze sind besonders hervorzuheben: »Die wirtschaftliche Losgröße laut Formel gilt nur für das Kostenmindest, aber nicht für das Zeitmindest.« »— man muß auch die Fabrikationszeit in Rechnung stellen.« »Es wird stets zu prüfen sein, wie sich die — durch die vorhandene Fassungskraft und die jeweilige Besetzung der Werkstatt — bedingte Herstellungs- und Lieferzeit gestalten.«

Zu VI. L. untersucht, wie sich vier verschiedene Annahmen betr. Fabrikationszeit und Entnahme aus dem Magazin auf das Ergebnis der Loszifferrechnung auswirken. Er unterscheidet folgende Fälle:

Fall 1: Herstellungszeit im Verhältnis zur Verbrauchszeit sehr kurz, Abnahme ununterbrochen und gleichförmig.

Fall 2: Herstellung wie in Fall 1; die Entnahme erfolgt aber alle s Tage zu $\frac{n \cdot s}{360}$ Stück, wo $n = 12 \cdot m$ die Jahresbedarfsmenge des Werkstückes ist.

Fall 3: Die Herstellungszeit ist im Vergleich zur Verbrauchszeit nicht gering, die Entnahme der Werkstücke erfolgt auch während der Herstellungszeit ununterbrochen und gleichförmig.

Fall 4: Herstellung wie in Fall 3, die Entnahme erfolgt aber auch während der Herstellungszeit alle s Tage zu $\frac{n \cdot s}{360}$ Stück.

Dem durchgerechneten Beispiele liegen folgende Werte zugrunde:

m = Monatsbedarfsmenge = 3000 Stück,
A = Kosten der Arbeitsvorbereitung = 500 Pfennig,
p_k = Selbstkostenpreis (Herstellungspreis = Lohn + Material + Zuschlagskosten) eines Werkstückes = 2 Pfennig,
z = 8 vH.

Damit ergeben sich für die 4 Fälle folgende Losziffern:

Fall	Stück
1	15 000
2	15 021
3	15 667
4	15 675

Zu dem Ergebnis aus Fall 1 und 2 bemerkt L.: »Man sieht, daß für die Praxis die beiden Ergebnisse übereinstimmen.« Ferner bemerkt L. abschließend, daß die einfachere Formel, welche für Fall 2 abgeleitet ist, für die Praxis genügt. — Der Verfasser hat in Übereinstimmung mit Fall 2 eine unterbrochene Abnahme des Lagerbestandes angenommen und die Formeln für Lz mit und ohne Berücksichtigung der Herstellungszeit aufgestellt.

Zu VII. R. unterscheidet zwischen der Losziffer, welche minimale Kosten ergibt, und einer wirtschaftlichen Losziffer, für die er eine besondere Formel unter Berücksichtigung des Verhältnisses von Verdienstspanne zu Kapitalzinsfuß angibt. Die auszuführenden Losziffern müßten zwischen beiden liegen. Die angegebenen Ausgangsformeln sind außerordentlich umfangreich, da sie die Herstellungszeit und einen komplizierten Ausdruck für die Lagerkosten enthalten. Für den praktischen Gebrauch werden verschiedene vereinfachte Formeln aufgeführt, die je nach den vorliegenden Verhältnissen ausgesucht werden sollen. Dadurch, daß für die Lagerkosten und die Fertigungszeit schon in den Ausgangsformeln spezielle Ausdrücke angegeben sind, und durch die Verwendung des »Jahresverbrauches« sind die Formeln für deutsche Betriebe nicht ohne weiteres verwendbar.

Zu VIII. Schulz-Mehrin gibt eine Zusammenstellung derjenigen Kosten, die zu den »Auflegungskosten für Reihenfertigung« gehören sollen. Er gebraucht den Begriff »Auflegungskosten« in der gleichen Weise, wie der Verfasser den Ausdruck »Einrichtekosten«. Diese Auflegungskosten sollen folgende Einzelheiten umfassen:

1. Vordisposition für jede Reihe: Festlegung der Stückzahlen, Aufstellung des Hauptterminplanes, Fertigungsauftrag an ausführende Stellen,
2. Materialbeschaffung: Bedarfsfeststellung, Einholung von Angeboten, Bestellung, Überwachung der Liefertermine, Annahme und Prüfung des Materiales, etwaige Beanstandungen, Rechnungskontrolle, Zahlungen, notwendige Buchungen,
3. Arbeitsbüro: Ausschreiben der Auftrags-, Arbeits- und Materialscheine u. dgl., Arbeitsverteilung und Festlegung der Termine, Verfolgung der Termine,
4. Werkzeuge und Lehren: Ausgabe und Beförderung zu den Arbeitsplätzen, Rückgabe und Prüfung, Registrieren,
5. Arbeitsplatz: Lesen der Arbeitszettel, Unterweisungskarten und Zeichnungen,
6. Einrichten des Arbeitsstückes,
7. Disposition über die fertigen Erzeugnisse,
8. Abrechnung und Verbuchung.

Bei dieser Aufzählung sind »nur die wichtigsten Vorgänge« aufgeführt, trotzdem dürften einige davon schon nicht mehr unter den Begriff der Auflegungskosten, sondern eher zu den Durchführungskosten einer Reihe gehören, z. B. die Verfolgung der Termine. Die unter »Materialbeschaffung« angeführten Punkte hat der Verfasser z. T. unter den Begriff der Bestellkosten genommen.

Zu IX. St.-A. definiert die günstigste Bestellmenge folgendermaßen: »Die günstigste Bestellmenge ist diejenige, bei welcher die Summe der jährlichen fixen Bezugsspesen und der proportionalen Lagerspesen (Kapitalzinsen) ein Minimum ergibt.« Seine Formel lautet:

$$x = \sqrt{\frac{200 \cdot J \cdot s}{P \cdot p}}$$

wo J = Jahresbedarf,

s = die fixen Spesen pro Sendung,

P = der (durchschnittliche bzw. konstante) Preis der Wareneinheit,

p = Zinsfuß.

St.-A. erwähnt, daß der »Jahresbedarf« einen zu großen Zeitraum umfaßt, und daß man sich mit Zerlegen dieses Zeitraumes helfen müßte. — Die oben angeführte Definition stellt einen beachtenswerten Versuch dar, die Berechnungsweise zu verfeinern. Dazu ist erforderlich, daß die degressiven Bezugsspesen in ihre fixen und proportionalen Bestandteile aufgelöst werden, »das heißt, wir ermitteln jenen Schillingbetrag, der rechnungsmäßig auf 1 kg entfällt (den proportionalen Bestandteil) und jenen Betrag, der auf eine Sendung entfällt, ohne Unterschied ihrer Größe.« Die Lagerspesen werden ebenfalls in ihre fixen und proportionalen Bestandteile zerlegt, von denen die fixen nicht betrachtet werden. — Die praktische Durchführung dieser Rechnungsweise dürfte auf erhebliche Schwierigkeiten stoßen.

Zu X. Zeidler berücksichtigt in der von ihm angegebenen Formel für die wirtschaftliche Bestellmenge den Jahresbedarf, den Lagerraumbedarf und die jährlichen Raumkosten je m². Die beiden letzten Rechnungsgrößen werden vielfach durch den Materialzuschlag ersetzt werden können, der eine einfachere Rechnung gestattet. Betreffs des eisernen Bestandes, den Z. ebenfalls einsetzt, möge auf die Ausführungen auf Seite 48, III, 2, verwiesen werden.

Unter »Auflegungskosten« bringt Z. im wesentlichen die Zusammenstellung von Schulz-Mehrin, s. o. S. 50.

Zusammenstellung der Abkürzungen.

Zeichen	Bedeutung	Dimension
B	Bestellkosten	RM.
Bz	wirtschaftliche Bestellziffer	
E	Einrichtelohn	RM.
f	$= 1 + \frac{U}{100}$ Unkostenfaktor	—
F	$= \frac{T \cdot p}{365 \cdot 100} \cdot \frac{1}{2}$ Zinsfaktor	—
F_1	$= \frac{p}{365 \cdot 100} \cdot \frac{1}{2}$ Zinsfaktor	—
H	Herstellungszeit	Tage
K	einmalige Kosten	RM.
Lz	wirtschaftliche Losziffer	—
M	Materialwert der Mengeneinheit (bei Lz)	RM.
n	Anzahl der Arbeitsgänge je Teil	—
n_1	$= n_2 = M + \sum_1^n S \cdot f$	—
p	jährlicher Kapitalzinssatz	vH
P	Materialpreis der Mengeneinheit (bei Bz)	RM.
q	Prozentsatz der Kostenüberschreitung	vH
S	Stücklohn	RM.
T	Anzahl der Tage zwischen den Entnahmen	Tage
T_1	Anzahl der Tage zwischen 2 Arbeitsgängen	Tage
U	Werkstattunkostensatz	vH
W	Wert einer Mengeneinheit	RM.
$x_0, x_1 \ldots$	gesuchte Mengen und Losziffern	—
x_b	gesuchte Bestellziffer	—
$y, y_1 \ldots$	Kosten	—
z	Zahl gleichzeitig verbrauchter Mengeneinheiten	—
z_1	$= z \cdot \sum_1^n E \cdot f$	—
z_2	$= \sum_1^n E \cdot f$	—
Z	Zinskosten	RM.

Zusammenstellung der Formeln.

Bemerkung: Die Nummern der für den praktischen Gebrauch nicht ständig erforderlichen Formeln sind eingeklammert. (g. D.) bedeutet, daß statt der Formel eine graphische Darstellung benutzt werden kann.

Nr.	Formel	Seite
(1)	$Z = W \cdot T \cdot \frac{p}{365 \cdot 100} \cdot \frac{x}{2z} \cdot (x + z)$	12
(2)	$x_0 = \sqrt{\frac{K}{W \cdot T \cdot \frac{p}{365 \cdot 100} \cdot \frac{1}{2z}}}$	13
(3)	$x_1 = \sqrt{\frac{\sum_1^n E \cdot f}{\left(M + \sum_1^n S \cdot f\right) \cdot T \cdot \frac{p}{365 \cdot 100} \cdot \frac{1}{2z}}}$	18
4	$x_1 = \sqrt{\frac{z \cdot \sum_1^n E \cdot f}{F \cdot \left(M + \sum_1^n S \cdot f\right)}}$ (g. D.)	18
5	$x_1 = \sqrt{\frac{\sum_1^n E \cdot f}{\left(M + \sum_1^n S \cdot f\right) \cdot F_1} \cdot \frac{z}{T}}$ (g. D.)	18
6	$x_1' = \sqrt{\frac{\sum_1^n E \cdot f}{\frac{T}{2z} \frac{p}{365 \cdot 100} \left[M + \sum_1^n S f + n\, T_1 \frac{p}{365 \cdot 100}\left(M + \frac{1}{2} \sum_1^n S f\right)\right]}}$ (g. D.)	20
(7)	$x_b = \sqrt{\frac{B}{P \cdot T \cdot \frac{p}{365 \cdot 100} \cdot \frac{1}{2z}}}$	22
8	$x_b = \sqrt{\frac{B \cdot z}{P \cdot F}}$ (g. D.)	22

www.ingramcontent.com/pod-product-compliance
Lightning Source LLC
LaVergne TN
LVHW091731021026
849161LV00003BB/557
9783486767902